AF471451

ÁNGEL DE SAAVEDRA, DUC DE RIVAS

ESSAI DE BIBLIOGRAPHIE CRITIQUE

Gabriel BOUSSAGOL

MAITRE DE CONFÉRENCES A LA FACULTÉ DES LETTRES DE TOULOUSE

ÁNGEL DE SAAVEDRA, DUC DE RIVAS

BIBLIOTHÈQUE NATIONALE R.F.

ESSAI DE BIBLIOGRAPHIE CRITIQUE

EXTRAIT DU *BULLETIN HISPANIQUE*

Tome XXIX, n° 1, janvier-mars 1927.

Bordeaux :

FERET & FILS, ÉDITEURS, 9, RUE DE GRASSI
Lyon : DESVIGNE, 36-42, PASSAGE DE L'HÔTEL-DIEU
Marseille : PAUL RUAT, 54, RUE PARADIS | **Montpellier :** C. COULET, 5, GRAND'RUE
Toulouse : ÉDOUARD PRIVAT, 14, RUE DES ARTS
Madrid : G. MOLINA, 1, TRAVESÍA DEL ARENAL

Paris :

E. DE BOCCARD, 1, RUE DE MÉDICIS, VI°
ALPHONSE PICARD & FILS, 82, RUE BONAPARTE, VI°

1926

ÁNGEL DE SAAVEDRA, DUC DE RIVAS

ESSAI DE BIBLIOGRAPHIE CRITIQUE

AVERTISSEMENT

M. E. Allison Peers, le savant professeur de l'Université de Liverpool, a consacré à Rivas une importante étude[1] où la bibliographie occupe les pages 560 à 575. Cette bibliographie est la seule qu'on ait publiée jusqu'à ce jour, en dehors des succinctes indications des manuels d'histoire littéraire : son auteur la qualifie de « select », et justifie ainsi le présent essai de bibliographie critique que je voudrais aussi complet que possible.

Après avoir jalonné les principales étapes de la vie de Rivas, et indiqué les documents d'archives qui nous aident à le faire, je tâcherai de fixer les conditions dans lesquelles son œuvre a été composée, publiée et même, lorsqu'il s'agira de son théâtre, représentée; car il n'est pas déraisonnable de considérer les représentations d'un drame comme autant d'éditions à tirages variables... J'énumérerai ensuite les études dont Rivas a été l'objet et les principaux ouvrages dont la lecture peut faciliter la compréhension de son œuvre.

Pour celle-ci, je signalerai, d'abord, les manuscrits qu'il m'a été donné de voir et, parfois, d'étudier; puis, les éditions séparées, les éditions dites d'œuvres complètes; enfin, les traductions.

1. Parue en septembre 1924 dans la *Revue hispanique* (t. LVIII) avec la date de 1923.

Dans chaque section de la présente bibliographie, l'ordre adopté est l'ordre chronologique. Un double index, par noms d'auteurs et par matières, avec renvoi aux numéros qui courent d'un bout à l'autre du texte, permettra de retrouver aisément :

1° Tout ce qu'un même auteur a écrit sur Rivas;

2° Tout ce qui intéresse sa vie ou l'une de ses œuvres.

Les abréviations le plus souvent employées sont les suivantes :

Esc. Cast. = Obras completas de D. Angel de Saavedra, Duque de Rivas..., dans la « Colección de Escritores Castellanos ». Madrid, 1894-1904. 7 vol. in-8°.
A. de S., D. de R. = Angel de Saavedra, Duc de Rivas : sa vie, son œuvre poétique .., par G. Boussagol. Toulouse, 1926. 1 vol. in-4°.
A. C. A. = Archivo Central, Alcalá de Henares.
A. D. T = Archives Départementales, Tours.
A. E. S. = Archivo del Ejército, Segovia.
A. H. N. = Archivo Histórico Nacional, Madrid.
A. M. E. = Archivo del Ministerio de Estado, Madrid.
A. M. G. = Archivo del Ministerio de la Guerra, Madrid.
A. M. S. = Archivo Municipal, Sevilla.
A. N. P. = Archives Nationales, Paris.
B. M. M. = Biblioteca Municipal, Madrid.
B. MP. S. = Biblioteca Menéndez Pelayo, Santander.
B. N. M. = Biblioteca Nacional, Madrid.
R. A. L. = Real Academia de la Lengua, Madrid.

PREMIÈRE PARTIE

Memento biographique. — Documents d'archives.

A. Memento biographique

Naît à Córdoba, le 10 mars 1791. — Entre au « Real Seminario de Nobles » de Madrid le 3 février 1802; en sort le 20 août 1806. — Entre le 19 décembre 1806 à la Compagnie flamande des gardes du corps. — Blessé grièvement à Ontígola le 18 novembre 1809. — Adjudant d'État-Major à Cádiz (1810 1813). — Retraité comme lieutenant-colonel et attaché à l'État-Major de la place de Sevilla (12 octobre 1813). Passe en la même qualité à Córdoba (5 décembre 1819). — Voyage en France (mai-décembre 1821). — Député de Córdoba (3 décembre 1821). — *Départ pour l'émigration* : 3 octobre 1823. — Séjour à Gibraltar (octobre 1823-mai 1824). A Londres (mai 1824-janvier 1825). — A Gibraltar (janvier-juillet 1825); son mariage. — Séjour à Malte (juillet 1825-mars 1830). — Séjour en France : débarque à Marseille (23 mars 1830); va à Orléans; à Paris (en août); à Tours (mars? 1832); à Paris (mai? 1833). — *Retour d'émigration* : 9 janvier 1834. — Duc de Rivas et Grand d'Espagne (1834); membre de l'Académie espagnole, le 9 octobre 1834; président de l'Ateneo, 16 novembre 1835. — Ministre de l'Intérieur, 15 février-13 août 1836. — Fuite en Portugal et à Gibraltar. — Retour en Espagne, 1er août 1837. — Ministre plénipotentiaire à Naples, le 2 janvier 1844, et ambassadeur le 11 février 1848; retour en Espagne, juillet 1850. — Membre de l'Académie de l'Histoire, avril 1853. — Président du Conseil et ministre de la Marine, 17-19 juillet 1854. — Président de l'Académie de San Fernando, le 24 août 1854. — Ambassadeur à Paris, 20 juin 1857-1er juillet 1858. — Directeur de l'Académie espagnole, 20 février 1862. — Président du Conseil d'État, novembre 1863-novembre 1864. — *Meurt* le 22 juin 1865.

B. Documents d'archives

(Nota. — Quelques-uns de ces documents sont donnés en appendice dans : *A. de S., D. de R...*)

[1] 1791. — Acte de baptême (A. H. N.).
[2] 1799. — Concession de diverses dignités (A. E. S.).
[3] 1802. — Autorisation d'entrer au Real Seminario de Nobles.
[4] 1803-1808. — Reglamento del Seminario, planes... (legajo 320); Libro de Entradas y Salidas, n° 51; Partes mensuales (1803), (leg. 316) : ces trois séries de documents se trouvent à l'A. H. N., sección de Universidades.
[5] 1806. — Lettre de la mère de Rivas sollicitant une nomination de garde du corps (A. M. G.).
[6] 1807. — Sollicitation de la mère de Rivas en vue d'obtenir un « cordon » de Garde du Corps pour son fils (A. M. G.).
[7] 1809. — Protestation du frère aîné de Rivas contre une mesure dont les deux frères ont été l'objet, et passeport qui leur est délivré pour rejoindre l'armée (A. E. S.).
[8] 1810. — Lettre de Rivas demandant le grade de capitaine de cavalerie. Tout un dossier accompagne cette demande (A. M. G.).
[9] 1810. — Affectation de Rivas à l'E.-M. de Blacke (A. M. G.).
[10] 1812. — Passeport accordé à Rivas pour se rendre à Córdoba (A. M. G.).
[11] 1813. — Promotion de Rivas au grade de « 1er ayudante » A. M. G.)

[12] 1813. — Rivas demande sa mise à la retraite et son affectation à la place de Sevilla ; un certificat médical et diverses attestations accompagnent sa demande (A. M. G.).

[13] 1816. — 1° Rivas demande le grade de brigadier ; 2° il demande le grade de colonel ; 3° le roi le nomme colonel (A. M. G.).

[14] 1819. — Rivas demande son transfert de Sevilla à Córdoba (A. M. G.).

[15] 1821 — Procès-verbal de l'élection de Rivas comme député de Córdoba (A. C. A.).

[16] 1823. — Déposition de Juan Dinetti dans le procès intenté par contumace à Rivas (A. H. N., Causas de Estado, leg. 6305).

[17] 1828-30. — Dossier concernant le départ de l'île de Malte et l'arrivée en France (A. N. P.).

[18] 1832-33. — Dossier concernant les réfugiés espagnols de Tours, et les demandes de secours faites par Rivas (A. D. T.).

[19] 1833. — Passeport accordé à Rivas pour rentrer en Espagne (A. C. A.; leg. M. G. 5003). — Liste des personnes qui ont franchi la frontière le 9 janvier 1834 (id. leg. M. C. 5561).

[20] 1834. — Rivas demande, par deux fois, une pension de retraite de 36.000 réaux par an (A. M. G.).

[21] 1834. — Procès-verbal de la séance de l'Académie espagnole où Rivas fut élu académicien, et de celle où il fut reçu (R. A. L.).

[22] 1836. — Décret nommant Rivas ministre de l'Intérieur (A. M. E.).

[23] 1844. — Décret nommant Rivas envoyé extraordinaire et ministre plénipotentiaire à Naples (A. M. E.).

[24] 1844. — Décret conférant à Rivas la grand'croix de Saint-Jean-de-Jérusalem, et décret l'autorisant à porter l'uniforme de colonel d'état-major (A. M. E.).

[25] 1844. — Dossier concernant l'affectation, l'aménagement et la désaffectation de la frégate de guerre « Cristina » (A. M. E.).

[26] 1844. — Lettre de Rivas au président du Conseil González Brabo; réponse de celui-ci ; deuxième lettre de Rivas (A. M. E.).

[27] 1844. — Lettre de Rivas à A. Gutiérrez de los Ríos : il lui donne ses impressions d'arrivée à Naples (archives de M. le marquis de Viana).

[28] 1844. — Rivas rend compte à son ministre de son arrivée à Naples et de la présentation des lettres de créance.

[29] 1846. — Rivas rend compte à son ministre d'une audience de congé (A. M. E.).

[30] 1848. — Décret nommant Rivas ambassadeur à Naples (A. M. E.).

[31] 1848. — Rivas rend compte de la remise des lettres l'accréditant comme ambassadeur à Naples (A. M E.).

[32] 1848. — Rivas informe son ministre que le roi de Naples lui a conféré une grand'croix et il demande l'autorisation de l'accepter et d'en porter les insignes (A. M. E.).

[33] 1848. — Lettre de J. Valera à Cañete (B. MP. S.). Il y est question de Rivas.

[34] 1848-1852. — Rivas à l'Académie des Beaux-Arts (Actas de Juntas de la Academia de San Fernando).

[35] 1857. — Décret nommant Rivas ambassadeur à Paris (A. M. E.).

[36] 1857. — 1° Rivas rend compte à son ministre de son arrivée à Paris ; 2° Rivas rend compte de la remise des lettres de créance ; 3° texte du discours prononcé par Rivas à cette occasion ; 4° lettre de Rivas au ministre, sur le même sujet (A. M. E.).

[37] 1858. — Rivas annonce qu'il va passer huit jours au Palais de Fontainebleau (A. M. E.).

[38] 1858. — 1° Télégramme de Rivas à son ministre, pour donner sa démission d'ambassadeur à Paris ; 2° lettre de confirmation ; 3° lettre de la reine d'Espagne à l'empereur des Français, au sujet de la démission de Rivas ; 4° décret royal acceptant cette démission ; 5° réponse de Napoléon III à la reine d'Espagne (A. M. E.).

[39] 1862. — Procès-verbal de la séance où Rivas fut nommé directeur de l'Académie espagnole (R. A. L.).

IIe PARTIE

Œuvres de Rivas.

I. Manuscrits

Nota. — Afin d'éviter des répétitions, je groupe dans une même section tous les manuscrits qui se trouvent en un même lieu.

A. Manuscrits appartenant a la famille de Rivas

M. Gabriel Anduaga, père de Mme la duchesse de Rivas, a bien voulu, en avril 1922, me recevoir chez lui, calle de Velázquez, n° 45, et me laisser parcourir *très rapidement* les papiers qu'il tenait de son beau-père, Enrique de Saavedra, fils et héritier de don Angel. Voici les notes que j'ai pu prendre alors; si fragmentaires qu'elles soient, elles présentent toujours quelque intérêt :

[40] 1814. — *Oda á España triunfante de los franceses.*

Avec le manuscrit de cette ode se trouve le brouillon d'une lettre au roi, qui a approuvé ces vers, dont le « juez de imprenta Marin » refuse d'autoriser l'impression (ps. 261-267 de Esc. Cast. I).

[41] 1814. — *Ataulfo.*

Deux actes de cette tragédie, qui n'a jamais été imprimée.

[42] 1824. — *Miserias de la vida humana. Romance. A mi recien nacido sobrino don Domingo Ruiz de Arana y Saavedra.*

Inédit. - Daté de « Gibraltar 9 de Enero de 1824. A. de S. ». — Commence : « Don Domingo, Don Domingo... ».

[43] 1824. — *Super flumina.*

Précédé d'une note qui expose dans quelles conditions a été composée cette poésie; c'est la n. 1 de la p. 37 de Esc. Cast. II. Le manuscrit signale en outre, parmi les personnes présentes, Calderón et son fils Lorenzo. La dernière phrase dit : « Faltan algunas estrofas *al* final... » au lieu de « *y la* final... » que porte Esc. Cast. II, 38.

[44] 1827. — *Arias Gonzalo.*

« Malta año de 1827, fin ». Puis, des chiffres mystérieux :

« fin 302
———
380
256
340
318
———
1.536
———
1.294
———
1.536

(1.294 est la somme de : 380 + 256 + 340 + 318.

Si l'on ajoute 302 à 1.294, on obtient 1.596. Par ailleurs, les cinq actes d'*Arias Gonzalo* forment un total de 300 + 346 + 256 + 298 + 288 = 1.488 vers. Le manuscrit primitif fut-il remanié avant l'impression?)

[45] 1828. — *Tanto vales.*

« Malta año 1828, fin. Malta 2 de Marzo de 1828. »

[46] 1830. — *Al Duque de Frías.*

Début : « De luchar fatigado... ».

Fin : « Orléans, 4 de julio de 1830 ». C'est *La Sombra del Trovador*, Esc. Cast. II, 87-99, daté de « Marsella, Marzo de 1830 ». Rivas n'a pas dû retrouver son brouillon, et il a, en 1854, lorsqu'il travaillait au t. I de ses œuvres complètes, daté de mars 1830 cette pièce dont le texte suggère, en effet, cette date. Mais Rivas n'a pas séjourné à Marseille; il est reparti sans délai pour Orléans. (*A. de S.*, *D. de R.*, 1re part., chap. II.)

[47] 1837. — *El cuento de un veterano.*

[48] 1839. — *El solemne desengaño.*

A la fin : « Sevilla, 27 de Abril de 1839. A. de Saavedra ». Cette date précise s'oppose à la date, plus vague, de l'édition de 1854 et des suivantes, qui donnent : « Madrid, 1838 ».

Au bas de la dernière page, Rivas a compté les quatrains et les vers :

34 353
73 4
96 ———
62 1.312 (sic, pour 1.412) versos.
47
39
———
353 (sic, pour 351) cuartetas.

Le texte imprimé compte 59 + 46 + 91 + 37 + 59 = 292 quatrains, et 292 × 4 = 1.168 vers.

[49] 1839. — Divers.

Une liasse de manuscrits, formée de brouillons appartenant à divers romances; j'y ai relevé une date : « Sevilla, 20 de julio de 1839 A de S., D. de R. ». Un des brouillons porte : « Romance III°. El Secreto ». C'est le 3e Romance de *Una noche de Madrid en 1578*.

Sur un autre on lit : « Romance III°. El Rey prisionero » ; et sur un 3e brouillon : « Romance quinto : conclusion ». Ces deux romances font partie de *La Victoria de Pavía*.

[50] 1840. — *Solaces de un Prisionero.*

« Empezé a escribirla el 18 de Septbre de 1840 — y la acabé el 28 de Octbre del mismo. — El borrador de esta comedia lo regalé a D. Antonio Gutierrez de los Rios. Sevilla año 1840. »

[51] 1841. — *La morisca de Alajuar.*

Sous le titre, Rivas avait écrit : « original de D. Angel S. d de R. », puis il a barré « original ». — 1re partie, en haut, à gauche : « 24 duros y ocho pesetas ». « Fin del 1er acto : Sevilla 28 de Dbre de 1841 » (pour 1840). — « Fin 2a jornada, Sevilla 14 de Marzo 1841. » « fin 3a jornada — Sevilla 29 de Abril 1841. »

1a 1.208
2a 1.148
3a 1.144
———
3.500

[52] 1842. — *El Desengaño en un sueño.*

« Enviado a Madrid el dia 30 de Agosto de 1842. »

[53] 1842. — *El Parador de Bailén.*

« Se empezó el dia 20 de nove de 1842. » A la dernière page, en bas à droite : « Sevilla, 15 de De de 1842. A. de S., d de Rivas » ; en marge :

1er acto, 948
826
960
———
2.734 versos.

Signé en arabe : *Angel*

[54] 1843. — *A. S. M. La Reyna.*

P. 175 de Esc. Cast. II : « A la reina nuestra señora. »

[55] 1844. — *Enviandole dulce a una señorita andaluza.*

Inédit. — Début : « Por si con chiste andaluz... » ; fin : « Sevilla febrero de 1844. »

[56] 1844. — *Al ver la primera vez a M. B.*

« La primera vez que vi a M. B. » (Esc. Cast. II, 181).

[57] 1844. — *Viaje a las Ruinas de Pesto y al Vesuvio.*

Ce manuscrit, formé de 9 feuilles doubles de papier « Canson », porte les indications suivantes : « Articulos remitidos á Madrid para la Revista de España y del Extrangero. — Salió el de Pesto de Nápoles el 18 de Junio de 1844, dirigido á D. Antonio Gutiérrez de los Ríos por mano de d. Ant° Caballero de la Secretaría de Estado. — Nápoles 30 de Mayo 1844 ».

[58] 1844. — *Enviando un ramo de flores a una dama enferma.*

Début : « Den á tus ojos contentos... » ; fin : « Nápoles, 24 de junio de 1844 » (p. 69 de Esc. Cast. II, où elle est datée de 1825).

[59] 1848. — *Epístola a mi cuñado D. Leopoldo Augusto de Cueto, en contestacion a otra suya.*

P. 301 du t. II de Esc. Cast.

[60] 1852. — *Al bautismo de la princesa de Asturias.*

Début : « Cuando en la fuente santa del bautismo ». (Esc. Cast. II - 327.)

[61] 1855. — [*Prologue aux Œuvres du duc de Frías*].

A la fin : « Madrid, 1° de Nov. de 1855 : El Duque de Rivas ».

[62] 1856. — [*Prologue de « La Familia de Alvareda » de Fernán Caballero*].

11 feuillets, datés de « Madrid 5 de dic^bre de 1856 ».

(Les compositions suivantes n'ont, à ma connaissance, jamais été éditées :)

[63] ? *Soneto.*

Début : « Llamanle sucesor de Moratín... ».

[64] ? *Una falta.*

Quatre romances.

[65] ? *Soneto, traducción de Petrarca.*

Début : « Benditos sean el año, el mes, el día... ».

[66] ? *El Diablo en Cantillana.*

Acto 1° — Comedia en 3 jornadas. — Personas.

[67] ? *A la memoria del Excmo Sr. D. Nicolás de? Asora.*

[68] ? *Vargas y Serafina.*

Ce manuscrit a pour sous-titre : « Introduccion » et se compose d'une feuille simple et de trois feuilles doubles.

[69] ? [*Sonnet*].

C'est un sonnet à bouts-rimés : « Sabes Octavia cuanto bella... *cruel* ». — Les 8 premières rimes étaient : cruel, batan, dan, miel ; — Luzbel, San Juan, gañan, clavel.

[70] ? *Leyenda.*

El hombre propone y Dios dispone. Parte 1ª : La patria : « De la hermosa primevera ». — 2ª Parte : Un feliz encuentro : « De la noche somos hijos. . . ». — Semble inachevée. Une gitane y figure.

Manuscrits Divers.

[71] 1821. — *Apuntaciones.*

Le mot « Apuntaciones » sert de titre à un cahier de format écolier, à couverture verte. — Sur la 1re p. : « Apuntaciones varias sacadas de diferentes autores, por Angel de Saavedra Remirez de Baquedano durante sus viajes. Empezaron a escrivirse en Paris por el mes de Agosto del año 1821 ». — Les ps. 1 à 58 sont occupées par des « Apuntes varios tomados del comentario al Espiritu de las Leyes de Montesquieu, hecho por Destutt de Tracy ». Rivas a eu en mains l'édition de 1819, 1 tome in 4° de 411 ps.

Les ps. 58-81 du cahier contiennent des « Apuntaciones del 4° tomo de los Elementos de ideología del mismo autor, y contiene un suplemento al anterior, y un tratado de la voluntad y sus efectos... »

[72] 1858. — *Curso Elementar de Perspectiva* por la Señora Doña Luisa Jaunez y el Señor Don Théodore Delamarre, traducido al Castellano desde el original françés por Don Angel de Saavedra, Duque de Rivas. — Madrid (ó Paris). — Imprenta de.... — 1858.

Des feuillets, écrits au recto seulement, portant une lettre, de A à M, puis un chiffre de 1 à 89. — Rivas ne semble pas avoir donné suite à son projet de faire imprimer cette étrange traduction, qui témoigne d'un intérêt toujours vivace pour ce qui touche au dessin et à la peinture. — Il est curieux de voir qu'un fils de ce Théodore

Delamarre avait, à l'arrivée de Rivas à Paris, en 1857, publié dans *La Patrie*, un article bio-bibliographique sur le nouvel ambassadeur.

[73] ? *Une lettre de Rivas à Manuel Cañete.*

B. Manuscrits appartenant a divers

1° Manuscrits appartenant à la Biblioteca nacional de Madrid.

[74] 1824. — *El Desterrado — Oda.* — « Manuscrito en 11 hojas utiles en 4° — Letra moderna » P. V. 4° = C 29 = N° 24.

C'est une copie calligraphiée, mais elle n'est pas de la main de Rivas. — Aucune rature.

[75] 1842. — *Lettre de Rivas à Luis María Ramírez y de las Casas-Deza.* Cf. Append. I.

[76] 1843. — *Lettre de Rivas au même.* Cf. Append. I.

[77] 1851. — *A la princesa recien nacida. Soneto de pie forzado.*

« Una hoja útil en fol. — P. V. fol. — C 34. — N° 43. — 18671. » En entier de la main de Rivas. — Inédit. — Offert à la Biblioteca Nacional par le marquis de Valmar (voir le n° [79]).

(Ce sonnet est donné en fac-similé dans la IVe partie du présent essai.)

[78] 1852. — *Lettre de Rivas au Comte de Pinohermoso.* P. V. fol. — C 13 — N° 38 — 18642.

Datée de « Madrid 29 de Agosto de 1852 ». Signée « Angel ». Il recommande à son ami, protecteur des lettres et des arts, Urrabieta, excellent dessinateur, et Martínez, lithographe. (Urrabieta avait illustré son *Crepúsculo de la tarde.*)

[79] 1854. — *El Aniversario.* « Acompáñale una carta del Marqués de Valmar al Exmo Sr Dn Manuel Tamayo y Baus, en la que le remite dicha leyenda. — P. V. fol. — C 34. — N° 37. — 18671 — ».

La lettre est du 16 avril 1894. Elle commence ainsi : « Entre antiguos papeles de mi biblioteca encuentro el adjunto manuscrito autógrafo de la leyenda El Aniversario, escrita por mi inolvidable hermano politico..., y asimismo un soneto de carácter íntimo y familiar (al nacimiento de S. A. la señora Infanta Doña Maria Isabel), improvisado, con pies forzados... »

Ce manuscrit de « El Aniversario » est un cahier formé de feuilles de grand format, écrites au recto et au verso, et foliotées au recto de 61 à 78 inclus. — La p. 61 porte le titre : El Aniversario / Leyenda fantástica / del Duque de Rivas / año 1854. — La légende commence à la p. 62r. C'est le brouillon, parfois peu lisible, avec certaines pages très raturées. Les corrections portent sur des détails. L'ensemble est conforme au texte connu.

[80] ? *Lettre de Rivas à Bermejo*. P. V. — C 4" — 10-67.

Adressée, à une date inconnue, à « Casa é imprenta del Sr Mellado, Al Sr Bermejo. *Urgente* ». « Mi amigo Bermejo : El manuscrito está tan lleno de errores, que me es imposible corregir las pruebas por él. Tenga V. la bondad, pues, de enviarme sin demora el impreso primitivo que le entregué, y despacharé inmediatamente la correccion — De V. fino amigo — El Duque de Rivas — Miércoles. »

2° Manuscrit appartenant à M. le Marquis de Viana.

[81] 1857. — *La nochebuena / en / Paris / y en Madrid, / año 1857. Romance dedicado á la tertulia de los Exmos Señores Marqueses de Molins.*

Un cahier de 18 ps. Copie non autographe, avec quelques corrections de détail de la main de Rivas. Le texte de Esc. Cast. II, 341-359, est conforme à ce manuscrit corrigé.

Cf. en outre le n° [27].

3° Manuscrits ayant appartenu à Salvá.

[82] 1824. — *El sueño del proscrito.*

Salvá en avait « truffé » un exemplaire de la 1re édit. de *El Moro expósito* (cf. *Catálogo de la Biblioteca de Salvá...*, n° 927, p. 320a).

[83] 1828. — *El Faro de Malta.*

Même observation que ci-dessus.

II. Éditions séparées et recueils

Nota. — La date indiquée est celle de la 1re édition connue.

[84] 1812. — *Cádiz libre del sitio*. Oda.

Composée après le départ de l'armée française qui assiégeait Cádiz (24-25 août 1812); publiée dans « El Redactor General de Cádiz », vol. II, p. 1917, n° du 9 oct. 1812; signée « A. de S***a » ;

M. E. Allison Peers en reproduit 14 vers dans son étude (p. 20, n. 1); A. de Castro les avait cités dans son livre sur *Cádiz en la guerra de la Independencia* (p. 151-152). Rivas n'a pas inséré cette ode dans son premier recueil; il en est de même, nous le verrons, pour un assez grand nombre de poésies composées entre 1806 et 1813, et publiées seulement en 1820. — C'est la première œuvre de Rivas dont je connaisse le texte imprimé.

[85] 1814. — Poesias / *de / Don Angel de Saavedra / Remirez de Baquedano. / — Cadiz : 1814. / Imprenta patriotica. / A cargo de D. Ramon Howe.*

Recueil assez rare; on en trouve un exemplaire à la Bibliothèque Universitaire de Sevilla, et un autre à la Bibliothèque Menéndez Palayo de Santander. La famille du Duc de Rivas n'en possède aucun. C'est un volume in-8° mayor de 125 ps.

P. 1 : Advertencia (voir Appendice II); p. 2, blanche; p. 3 : Indice; ps. 5 à 57 incluse : poésies; p. 59, *El Paso honroso, Poema;* p. 60, blanche; p. 61 : Chant I; p. 73 : Chant II; p. 85 : Chant III; p. 100 : Chant IV; p. 123 : fin du *Paso honroso;* p. 124 : blanche; p. 125 : errata; au bas de la page, « *Nota:* Ademas de los yerros corregidos, hay algunos otros de menos consideracion, particularmente de ortografia, inremediables en las obras que no se imprimen á la vista del autor ».

L'auteur a placé les poésies « sin órden ni clasificacion alguna, por evitar la monotonía ». La table des matières les groupe par catégories, et nous voyons qu'il a réuni, outre le *Paso honroso,* 4 cantilènes, 2 églogues, 2 épîtres, 2 « letrillas », 7 romances, 7 odes, 6 sonnets; en tout, 30 pièces. Parmi ces 30 pièces, 14 n'ont pas été réimprimées, la date en est inconnue, ce sont :

1. Cantilena : Volvamonos, o Lesbia...
2. Letrilla : Decidme, zagales...
3. Romance : Desde que yo vi zagala...
4. Epistola : Con dulce gozo y con quietud sobrada...
5. Letrilla : Entre estos peñascos...
6. Soneto : En tanto que tu cándido semblante...
7. Egloga : Del Betis olivoso en la ribera...
8. Romance : Medio dormida la luna...
9. Cantilena : Por las selvas que riega...
10. Romance : Dime Anarda rigurosa...
11. Egloga : Por entre peñascosos arenales...
12. Epistola : O cuan felice fuera...
13. Romance : Al tiempo que en el ocaso...
14. Soneto : Cual suele en la floresta...

Les trois poésies suivantes ont été réimprimées, la première, avec une date erronée, dans l'éd. de 1854-1855; les deux autres, sans date aucune, dans l'éd. de 1820-1821.

15. Oda : Ay cual el turbio mar hierve espumoso... (réimprimée

s. d. dans l'éd. 1820-1821, sous le titre de « La Borrasca. A Lauso », et avec le même titre et la date de 1817 dans l'éd. de 1854-1855).

16. Soneto : Huye, o sueño apacible y delicioso...

17. Soneto : Al bizarro escosés D. Juan Dowine (sic) ; O de Fingal heroico descendiente...

Les 13 poésies énumérées ci-dessous complètent le recueil, avec *El Paso Honroso :*

18. 1806. — Cantilena : Febo se retiraba...

19. 1808. — Oda : A la declaracion de España contra los Franceses. (Titre de l'éd. 1814, il devient ensuite : « Al armamento de las provincias españolas contra los franceses » ; reproduite en 1837 par M. Wolf, *Floresta...*, t. II, p. 467 à 499).

20. 1808. — A la victoria de Bailen.

21. 1809. — Romance : Con once heridas mortales... (Reproduit par Wolf, *Floresta...* t. II, p. 450).

22. 1809. — Romance : Entre verdes olivares...

23. 1810. — Soneto : El oponer mi pecho no me asusta...

24. 1812. — Al conde de Noroña : ¡Oh ! Conde, pues tu lira ...

25. 1812. — A Amira : Hondo mar espumoso...

26. 1812. — Soneto : Viene en pos del invierno perezoso...

27. 1812. — Cantilena : Por un alegre prado...

28. 1812. — A la victoria de Salamanca. (Ce titre est devenu, à partir de 1820 : A la victoria de los Arapiles.)

29. 1812. — Napoleon destronado.

30. 1814. — Romance : A esconder su lumbre pura...

El Paso Honroso, qui termine le volume, nous offre un texte très différent de celui que nous trouvons dans l'édition 1820-1821 et les suivantes. J'indique, dans l'appendice III, les principaux remaniements que Rivas a fait subir au texte primitif.

[86] 1814. — Ataulfo.

« Tragedia en cinco actos, escrita en Sevilla en 1814, nunca representada ni impresa por haberlo prohibido la censura » (Note de Rivas, p. 526 du t. IV de l'éd. de 1854-1855).

[87] 1816. — Aliatar.

« Tragedia en cinco actos, escrita en Sevilla en 1814, estrenada con gran éxito en aquella ciudad é impresa en la misma el año siguiente ». Ainsi s'exprime Rivas, p. 526 du t. IV de l'éd. 1854-1855. Cette affirmation contient plusieurs erreurs : *Aliatar* fut imprimé en 1816 :

Aliatar, / tragedia en cinco actos, / de / D. Angel de Saavedra, Remirez / de Baquedano. / Representada por primera vez en el teatro de esta ciudad el dia 8 de Julio / del presente año. / Sevilla : imprenta de Caro. / 1816.

Cette édition se trouve à la B. M. M. et à la B. MP. S. — C'est un vol. in-8° de 82 ps., plus 3 non numérotées. La troisième non numérotée porte la dédicace. Cf. A. de S., D. de R., IIe part., liv. I, chap. XII. — P. 1 : Errata. — P. 2 : personas y actores; à la fin : « la escena es en el Castillo de Aljama en un salon de paso. — La accion empieza á las ocho de la mañana y concluye antes de media noche ».

Félix González de León, l'auteur du « Diario de las ocurrencias publicas y sucesos curiosos... », qui existe en manuscrit aux A. M. S., confirme que la première eut lieu le 8 juillet 1816; la pièce fut encore jouée le 9 juillet, puis les 5 et 6 septembre, le 28 novembre.

[88] 1817. — Doña Blanca de Castilla.

« Tragedia en cinco actos, escrita en Sevilla en 1815, estrenada en aquella ciudad; y hasta ahora inédita » (Rivas, éd. 1854-1855, IV, 526). Rédaction erronée. Si nous ignorons la date de la composition de cette tragédie, il est probable qu'elle fut écrite peu avant sa représentation; or, la « première » eut lieu le 28 nov. 1817. Le « Diario de las ocurrencias públicas... », déjà cité, porte pour cette date : « Teatro : a beneficio del Snor Galan. Da Blanca de Castilla, traga. » Un document curieux accompagne cette mention : c'est l'affiche de la « première » de cette tragédie; je la donne en appendice (n° IV).

Le 29 novembre on joue de nouveau cette pièce.

Quant au fait qu'elle soit encore inédite en 1855, cela n'est pas surprenant si nous relisons la n. 1 de la p. 292 du t. I de l'éd. des Esc. Cast. : « Esta tragedia, titulada *Doña Blanca*, la tercera que escribió el autor, se ha perdido, desapareciendo el manuscrito en el robo que padeció su equipaje en el río de Sevilla el día de San Antón del año 1823 ». Pour les incidents qui marquèrent cette journée, voir A. de S. D. de R., 1re partie, chap. I.

Rivas travaillait à cette tragédie en mars 1817. A cette date, il écrivait de Córdoba à Vargas y Ponce (Esc. Cast. I, 291 et 292) :

Pronto conocerás que te engañaste,
Cuando escuches mil himnos y canciones...
  Y cuando el tuyo y otros corazones,
Al ver de doña Blanca el fin lloroso,
Sientan de espanto y pena sensaciones.

En fait, les spectateurs restèrent assez froids, et Rivas s'en plaignait à Ranz Romanillos, ainsi qu'il appert de la lettre que celui-ci lui écrivait le 15 mars 1819 (cf. Cañete : *Escritores Españoles é hispano-americanos*, El D. de R., ps. 127-142).

[89] 1820-1821. — Poesias / *de / don Angel de Saavedra / Remirez de Baquedano / . Segunda Edicion. / Corregida y aumentada / Tomo primero / Madrid : / Imprenta de I. Sancha. / 1820.*

1 vol. in-8° de 233 ps. numérotées; dédicace : « A la Excma Señora Da Maria Dominga Remirez de Baquedano y Quiñones, Marquesa

de Andia y de Villasinda, Duquesa Viuda de Rivas, etc. En testimonio de amor, de respeto y gratitud su humilde hijo. — Angel de Saavedra Remirez de Baquedano. »

Les poésies, au nombre de 68, commencent à la p. 7 et s'achèvent p. 226. Elles sont classées par catégories et comprennent, dans cet ordre : 12 romances, 5 « romances cortos », 3 « letrillas », 4 cantilènes, 19 sonnets, 20 odes, 1 églogue et 4 élégies. La table des matières (p. 227-231) et les errata (p. 233) terminent le volume. Aucune des pièces n'est datée. Le recueil comprend 16 pièces qui avaient été déjà publiées en 1814. Ce sont les nos 15 inclus à 30 inclus de **[82]**. Il contient, en outre, 7 pièces qui auraient été composées avant 1814, mais non comprises dans le premier recueil.

1. 1806. — Romance : En una yegua tordilla... (Reproduit par Wolf, *Floresta...*, t. II, 451).
2. 1806. — Romance corto : Luz de esta ribera...
3. 1807. — Soneto : Misero leño, destrozado y roto (Reproduit par Wolf, dans sa *Floresta*, t. II, 465).
4. 1807. — Romance corto : Hermosa zagala...
5. 1808. — Romance : Hermosisima zagala...
6. 1808. — Soneto : Gallardo alzaba la pomposa frente...
7. 1812. — Soneto : Ojos divinos, luz del alma mia.

On trouve, enfin, 45 poésies réunies pour la première fois ; les 9 premières n'ont paru que dans l'édition de 1820 et nous ignorons la date de leur composition ; les autres ont été écrites — si nous tenons pour exacte la date que Rivas leur assigne dans l'éd. de 1854 et les suivantes, — entre 1814 et 1820 ; toutefois, les nos 17 et 18 ne portent aucune indication de date dans l'éd. des Esc. Cast.

8. Romance : Los sombreros y cayados...
9. Romance corto : Hermana Juanilla... (Reproduit par Wolf, *Floresta*, t. II, p. 464).
10. Letrilla : Lesbia, ingrata Lesbia...
11. Letrilla : Mal haya quien sabe... (Reproduit par Wolf, *Floresta*, t. II, p. 464).
12. Soneto : La parda nube con fragor tremendo... (Reproduit par Wolf, *Floresta*, t. II, p. 466).
13. Soneto : Quédate a Dios, mansion afortunada...
14. Oda : A las Artes después de la paz :
    « Alzad, alzad la marchitada frente .. ».
15. Oda : A la cabaña de Antimio.
16. Elegia : Tornemos, ay, tornemos, dueño mio...
17. Soneto : Lleno el pecho de orgullo y ufania...
18. Soneto : Oh amiga noche ! oh noche deliciosa !.. (Reproduit par Wolf, *Floresta*, t. II, p. 466).
19. Les 34 pièces qui figurent, en outre, dans le recueil sont celles qui occupent, dans l'éd. des Esc. Cast., les pages 247-393, du t. I et 9-33, du t. II.

Les poésies *A la Adelfa* et *Las Siempreviva*s, ont été réimprimées dans *El Crepúsculo de la Tarde*, en 1851, avant de l'être dans les « Obras Completas ».

[90] 1821. — Le Tome II des *Poesias* de Rivas porte le même titre que le tome I, sauf le n° du volume (« tomo segundo ») et la date. Il compte 312 p. et comprend :

A. Ps. 5 à 90 : *El Paso Honroso.* Cette seconde édition est conforme à celle de 1854 et à celle des Esc. Cast. C'est donc avant 1821, que Rivas a remanié profondément sa rédaction première.

B. Ps. 95 à 199 : El Duque de Aquitania, *tragedia en cinco actos.*

p. 97 : « A mi amada hermana doña Maria de la Candelaria ». Cette longue dédicace en vers endécasyllabiques est signée, p. 101 : A. de S. R. de B. (J'en donne quelques extraits dans l'appendice V).

Les indications scéniques sont placées en note au bas des pages.

« Tragedia en cinco actos, escrita en Sevilla en 1817, representada en Sevilla y otras capitales de provincia, publicada en el segundo tomo de poesias del autor, impreso en Madrid por Sancha, año de 1820 » (Rivas, éd. 1854-1855, IV, 526). Le 2e vol. des Poesias est de 1821. Je n'ai trouvé trace nulle part des représentations de cette pièce.

C. Ps. 201 à 308 : Malek-Adhél, *tragedia en cinco actos.*

p. 203 : *Advertencia* (cf. Appendice VI).

« Tragedia en cinco actos, escrita en Sevilla en 1818, representada en Barcelona, impresa con la antecedente en el mismo tomo » (Rivas, éd. 1854-1855, IV, 526). Je n'ai pas trouvé trace de cette représentation.

p. 309 : Indice del segundo tomo. (On y remarque un « Himno » : Confundase o patria... qui devrait figurer à la p. 91, et que je n'ai pas trouvé dans l'exemplaire de l'Ateno de Madrid.

p. 311-312 : *Errata.*

[91] 1822. — Lanuza / *tragedia en cinco actos / por / Don Angel de Saavedra / Remirez de Baquedano. — Madrid 1822 : Imprenta de don Luis Muñoz y Vilches — Calle de Tudescos num. 11.*

1 vol. de 119 ps. in-8°.

La pièce a dû être composée en août-sept. 1822, à Córdoba, où Rivas et Galiano se reposaient pendant les vacances parlementaires. Le volume est sous presse vers le 12 déc : à cette date, « El Espectador », dans son n° 607, publie une lettre d'un ami de Rivas, qui connaît de cet auteur trois pièces, dont *Lanuza* « que se halla actualmente bajo la prensa ». Le volume est mis en vente peu après. On lit dans ce même journal, n° 616 du samedi 21 décembre : « Anuncios : Lanuza, tragedia en cinco actos, por D. Angel de Saavedra Remirez de Baquedano. Véndese en las librerias de Esparza, calle de la Concepcion Geronima, y de Hurtado, calle de Carretas ». — « El Indicador de las Novedades, de los espectaculos y de las artes », nº 227, mardi 17 décembre 1822, annonce : « Teatro de la Cruz — la primera representacion de Lanuza, tragedia original en cinco actos. A continuacion se cantaran conciones patrióticas. — El soldado exorcista, sainete ». — On joue *Lanuza* le 18, le 20, le 21, le 22, le 23, le 30 décembre.

Il y eut, en 1836, une étrange « reprise » de cette tragédie révolutionnaire; on la joue les 17, 19 et 20 mars au théâtre « de la Sarten », sis dans la calle de la Sarten; la pièce, disait A. de T. y C. dans la « Revista española » du 20 mars 1836, « ha arrancado repetidos aplausos. El teatro, que ha estado lleno de bote en bote, ha sido honrado con la presencia de S. A. R. el Excmo Señor Infante D. Francisco ». L'auteur était alors ministre de l'Intérieur du cabinet modéré présidé par Istúriz...

[92] 1824. — EL DESTERRADO.

Composé « A bordo del paquete inglés *Francis Freeling*, en Mayo de 1824, al salir de la bahia de Gibraltar con rumbo al Oeste, al ponerse el sol ». — Imprimé dans *a)* « Ocios de españoles emigrados » publié à Londres. T. II, nº V (août 1824), ps. 60-70; précédé de quelques lignes : « Nos apresuramos a publicar la siguiente composición de un emigrado español bien conocido en el mundo literario por sus producciones poéticas ». — La poésie est signée « A. de S. ».

b) « Diario del Comercio » (« Mensajero de las Cortes »), Madrid, nº 33, du lundi 16 juin 1834. Le texte occupe 4 pages du feuilleton sur 3 colonnes, et il est précédé d'un « chapeau » où on lit que des amis ont demandé à la rédaction du journal de publier cette pièce. « Esta composicion ha corrido hace mucho tiempo manuscrita y alterada, y creemos hacer un señalado servicio a nuestra literatura publicandola ahora tal como la escribió su autor... » — Signée A. S; Traduite en anglais. (Cf. plus loin ; *Traductions*.)

[93] 1824? — EL PESO DURO.

F. de B. P., dans « El Liceo de Córdoba » du 1er mai 1845, affirme avoir vu le manuscrit d'un roman intitulé :

« *El Peso duro, fantasia nocturna de un emigrado escrita en Londres en el año de 1824*. Alguno que le robó la idea ó tubo la coincidencia de adoptarla, escribió después en francés una obrilla titulada *Histoire de cinq francs*, que muy inferior en mérito, ha sido traducida al castellano con el mismo titulo de *Historia de un peso duro*. Curiosos pormenores podriamos revelar sobre la historia de este ms, dictado, por el autor en una enfermedad suya, desde la cama, sirviéndole de amanuense D. A. Alcalá Galiano, y, siendo muy celebrado por varios compañeros de emigracion, como los Sres Aguilera, Vadillo, Grassi, y Borrego, algunos de los cuales obtuvieron de él copias. La novela, que tiene alguna analogía con las nuestras antiguas de carácter picaresco, es una produccion en que corren parejas lo ameno y lo festivo : dándose una serie bellísima de cuadros de costumbres con peregrinos lances, descripciones vivas y naturales y esquisitos primores de lenguaje. Las miras elevadas y filosóficas, el estilo ligero y culto, los sazonados chistes, las escenas cómicas, las alusiones histórico-políticas, completan el mérito de esta produccion aun no publicada, cuyo carácter de inédita nos priva de detenernos en la mención peculiar de trozos más notables, es muy deplorable la causa, cualquiera que sea, que condena á la oscuridad tan distinguido trabajo. »

Dans « El Museo de las familias », 1843, ps. 121-3 se trouve, sous le titre « Estudios recreativos », une *Biografia de un Duro* dont l'auteur, L. Deguey, porte un nom d'apparence assez française pour qu'il puisse avoir écrit l'« *Histoire de cinq francs* » dont parle F. de B. P. — Il s'agit d'un écu de cinq francs qui dicte son histoire à son propriétaire du moment. Né au Mexique d'une mère Mina, et d'un père Tiempo, il finit chez de faux monnayeurs qui en extraient l'argent, puis le bourrent de plomb. — L'auteur y plante la dent · « aquel duro...era *relleno* ». Là finit l'histoire.

[94] 1830. — LA SOMBRA DEL TROVADOR.

Imprimé aux ps. 85-98 (les notes sont à la p. 99) de la *Corona fúnebre en honor de la Excma Sra Doña María de la Piedad Roca de Togores, Duquesa de Frías y Ulceda, Marquesa de Villena, etc., etc. con las licencias necesarias. — Madrid. Imprenta de Don Eusebio Aguado, impresor de Cámara de S. M. y su Real Casa. — 1830.*

On y trouve des pièces du duc de Frías, de Larra, Martínez de la Rosa, Nicasio Gallego, Quintana, Lista, Donoso Cortés, Arriaza et quelques autres. — Pour la date de composition de *La Sombra del Trovador*, cf. [**46**].

[95] 1834. — A. — EL / MORO EXPÓSITO, / ó / CÓRDOBA Y BURGOS / EN EL SIGLO DÉCIMO, / *leyenda en doce romances / por don Angel de Saavedra. / En un apéndice se añaden la* FLORINDA *y algunas otras / composiciones inéditas del mismo autor. / Tomo primero. — Paris, — en la libreria hispano-americana — de la calle de Richelieu, N° 60. — 1834.*

Cette édition a été surveillée et corrigée par Salvá (Cf. *Catálogo*, p. 320[a]). Le *Moro expósito* forme deux volumes, in-12 marquilla. Le tome II porte les mêmes indications que le tome I, sauf, évidemment, celle du tome).

Le tome I comprend XXII-464 ps. : Entre les ps. II et III, un beau portrait romantique de Rivas par Weber, lithographié par Engelmann ; au-dessous, fac-similé de la signature : Angel de Saavedra. P. III : titre ; ps. V-VII : Lettre-dédicace à J.-H. Frère ; ps. IX-XXXI incluse : *Prologo*, non signé, avec, pour épigraphe, un extrait du Chant IV de l'*Esvero y Almedora* de J.-M. Maury ; p. XXXII : Extrait de J.-B. Garette. Le texte de *El Moro expósito* commence à la page 1 ;

les notes, à la p. 441 ; à la p. 443, les erratas ; à la p. 464, la table des matières. Le volume est orné de petits dessins gravés par Tellier et Porret : le 1er représente la scène où l'on montre au père les sept têtes de ses enfants. Le Ve romance ne porte pas à la fin (p. 248) la mention « Malta 1829 » que l'on trouve dans des éditions ultérieures. Le tome I renferme les 8 premiers romances.

[96] *Tome II.* — P. 5 : début du IXe romance ; p. 201 : fin du XIIe romance ; p. 203 : Apéndice ; p. 205 : Advertencia de los Editores. (Cf. Appendice, IX.)

B — FLORINDA, p. 211.

P. 212 : Avertissement où Rivas expose les remaniements qu'il a fait subir à sa *Florinda* avant de la livrer au public : « Nunca hubiera pensado probablemente en dar al público la *Florinda*, escrita mucho antes que *El Moro expósito*, y cuando aun tenian en mi modo de escribir influencia las impresiones recibidas desde la infancia y un gusto diferente del que ahora me domina. Pero accediendo á los deseos de mis amigos, los editores, no he podido excusarme de que salga à luz, solo para completar este segundo tomo. Para ello la he revisado, reduciendo á cinco los ocho cantos de que constaba. No obstante de que he procurado hacer las supresiones de modo que forme un todo no interrumpido lo que ahora se imprime, debe mirarse siempre como fragmentos, no como una obra completa ; y puedo asegurar á mis lectores, que si ganan muy poco con los trozos que aqui se publican, pierden de seguro menos con los suprimidos. »

Ps. 213-334 : Texte de Florinda.

Seuls, quelques fragments de Florinda ont été publiés séparément dans « El Panorama », no 138, 19 juillet 1841, ps. 271 sq. et 288 sq. : « *El Banquete y la prision* ».

P. 335. — COMPOSICIONES SUELTAS :

C. — Ps. 337-8. A LAS ESTRELLAS.

A la fin, Esc. Cast. porte : « En el mar, 1824 ». L'édition de 1834 donne des indications plus précises : « En mayo de 1824, a bordo del paquete inglés Francis Freeling, navegando de Gibraltar a Falmouth ». Réimprimé dans : 1) Wolf, *Floresta...*, t. II, p. 471 ; 2) *El Crepúsculo de la Tarde*.

D. — Ps. 339-341. — EL SUEÑO DEL PROSCRITO.

Daté de « Londres, setiembre de 1824 ». Réimprimé dans : 1) Wolf, *Floresta..*, t. II, ps 472 sq. ; 2) *El Crepúsculo de la Tarde*.

E. — Ps. 344-351. — A LOS EXCELENTÍSIMOS SEÑORES MARQUESES DE SANTA CRUZ, EN LA BODA DE SU HIJA TERCERA, DOÑA FERNANDA DE SILVA Y GIRON.

Daté de « Malta, julio de 1829 ». La note, qui se rapporte au vers « Es el rudo piloto moscovita... » est ainsi conçue : « Cuando se compusieron estos versos, zarpaba del puerto de Malta para levante la escuadra rusa al mando del almirante conde Heyden, la que en los meses anteriores, combinada con la inglesa y francesa, habia combatido en Navarino ». Les éditions de 1854 (I. 318) et de Esc· Cast. (II. 83) disent que ces vers ont été écrits quand la flotte russe « daba la vela para Navarino », ce qui constitue un anachronisme, car Navarin est du 20 octobre 1827, et la poésie de juillet 1829.

F. — Ps. 353-356. — AL FARO DEL PUERTO DE MALTA.

Daté de « Malta, setiembre de 1828 ». Réimprimé séparément dans : « El Artista », t. I, p. 175 ; Wolf, *Floresta...*, II, 474 ; E. de Ochoa, *Apuntes...* II, 696 ; *El Crepúsculo de la Tarde* ; Lemcke, *Handbuch...* II, 758 ; Valera, *Florilegio* .. II, 195-197 ; Menéndez y Pelayo, *Las cien mejores poesías líricas..* , p. 215 ; Bonilla, *Parnaso...* III, 98.

G. — Ps. 357-360. — A MI HIJO GONZALO DE EDAD DE CINCO MESES.

Daté de « Paris, enero de 1832 ». Réimprimé dans Wolf, *Floresta...*, t. II, ps. 477 sq. ; *El Crepúsculo de la Tarde.*

H. — Ps. 361-373. — LA VUELTA DESEADA.

S. l. n. d. — Réimprimé isolément dans « El Panorama », t. IV (1840), ps. 381 sq.

I. — Ps. 375-389. — EL SOMBRERO.

S. l. n. d. — Réimprimé isolément dans « El Panorama », t. IV (1840), ps. 295 sq.

J. — Ps. 391-426 : EL CONDE DE VILLAMEDIANA.

S. l. n. d. (« Paris, 1833 », dans l'éd. de 1854). Réimprimé isolément dans : F. J. Wolf, *Floresta*, t. II, ps. 451 sq. ; « El Panorama », t. IV (1840), ps. 59 sq. ; Valera, *Florilegio*, II, 211-239.

K. — Ps. 427-450. — DON ALVARO DE LUNA.

S. l. n. d. (« Paris, 1833 », dans l'éd. de 1854). — Réimprimé isolément dans : « El Panorama », t. IV (1840), ps. 87 sq.

L. — Ps. 451-475 : EL ALCÁZAR DE SEVILLA. — Réimprimé isolément dans : « El Panorama », t. IV (1840), ps. 157 sq. — Bonilla : *Parnaso...*, t. III, p. 105.

Ps. 477-496 : notes du tome II ; p. 497 : table des matières ; p. 499 : errata. Deux exemplaires de cet ouvrage se trouvent à la B. N. M. — J'en possède aussi un exemplaire.

Sur la date de la composition du *Moro...*, Rivas donne les renseignements suivants : t. III de Esc. Cast., p. 41, n. 1 au romance 1 : « Se empezó esta obra en la isla de Malta, en una casa de campo a la orilla del mar, por el mes de Septiembre del año 1829 » ; — p. 218, à la fin du romance V : Malta, 1829 (il aurait donc rédigé en moins de 4 mois les 5 premiers romances). — P. 266 (romance VI) (il s'adresse à ses amis de Malta) :

« Esta historia, empezada entre vosotros,
Continuada del Sena en las orillas,
Y que do tendrá fin el cielo sabe (31)... »

La note 31 dit : « Se concluyó esta obra, después de una larga interrupción en Tours el año 1832 » ; p. 472, à la fin du romance X : « Paris, 1832 » ; p. 541, à la fin du romance XII : « Tours, Mayo de 1833 » ; cette dernière indication contredit la note 31 de la p. 266, et doit exprimer la vérité. En résumé : I-V à Malte (sept.-déc. 1829) ; VI-X à Paris (? - mars ? 1832) ; XI-XII à Tours (mars ? 1832-mai 1833).

[97] 1834. — El Moro Expósito...

Réédition de la précédente, dont elle se distingue par un seul détail, infime : « ... la primera — dit Salvá y Mallén dans son *Catálogo...* (p. 320 a) — tiene al pie de la pág. xv del *Prólogo* tres líneas completas de la nota que principia en la xiv ; mientras en la posterior sólo son dos y media. »

[98] 1834. — El Moro Expósito...

Cette édition a été faite à « Pamplona, imprenta de Robledo. — 1834 » ; elle est en tous points conforme à la 2e édit. de Paris. M. le marquis de Viana en possède un exemplaire ; un autre exemplaire se trouve à la B. MP. S.

[99] 1918. — El Moro Expósito...

Édition de la « Biblioteca Universal », Ts. 143 et 144, de 235 et 232 ps. (Chez Perlado, Páez y Cía, à Madrid, 1918.

[100] 1835. — Don Alvaro.

(Je n'ai trouvé qu'à la B. M. M. un exemplaire de la 1re éd. de ce drame fameux. C'est une méchante petite brochure, sans couverture, et qui porte diverses notes à l'encre, relatives surtout à des détails de mise en scène, et vraisemblablement dues à la main d'un acteur. Le si regretté bibliothécaire, Ricardo Fuentes, à qui je signalais la rareté de ce livre, avait décidé de le revêtir d'une belle reliure.)

1 vol. in-8° de 119 ou 120 ps. (la dernière feuille manque ; au bas de la p. 118 commence la scène dernière, qui est courte. Il manque aussi les ps. 39 à 42 incluse).

P. 1 : D. Alvaro, / o / la fuerza del sino (au-dessous, à l'encre : « Lombia » qui est le nom de l'un des acteurs de la « première »).

P. 2 : « Este drama es propiedad de *D. Tomas Jordan* y se hallará de venta en su libreria ó almacen de papel Puerta del Sol, acera de la Soledad, numero 3, frente á la fuente, á 8 rs en rustica ».

P. 3 : D. Alvaro / o / la fuerza del sino, / *drama original en cinco jornadas, / y en prosa y verso, / de Don Angel de Saavedra, / Duque de Rivas.* / — [Vignette.] — *Madrid : Imprenta de don Tomas Jordan, 1835.*

P. 5 : Dédicace à Alcalá Galiano (cf. App. VIII).

P. 7 : Jornada 1a. — P. 29 : Jornada 2a. — P. 55 : Jornada 3a. —

P. 76 : Jornada 4ª. — P. 97 : Jornada 5ª. — Les personnages sont indiqués en tête de chaque « jornada ».

Dans quelles conditions fut composé *D. Alvaro?* Les versions les plus contradictoires de sa conception et de son élaboration sont données par Rivas, Galiano et son fils, Cueto, Hidalgo, Mesonero, Valera, Funes, Thebussen. Voici comment je crois qu'on peut en reconstituer l'histoire, en recoupant ces divers renseignements :

« Un día (en tiempo de la emigración) se paseaban juntos por el jardin del Luxembourg Galiano y el Duque; divagaban en la conversacion y Galiano dijo : « Angel, debias escribir algo para ese teatrazo de la Porte-Saint-Martin [où « Aben-Humeya » avait été représenté en français en juin 1830]; tu lo escribes en castellano, y yo hago la version francesa : es negocio de honra y provecho ». Y escribió el duque el *Don Alvaro*, se entiende que en prosa... » (Hidalgo : Diccionario... II, 335ª).

Voilà le point de départ. Le plan fut-il dessiné à Paris? L'œuvre semble avoir été composée et rédigée à Tours, et Galiano prit à ce travail une part sans doute importante. Collaboration, dit le fils de Galiano [1]; rôle de conseiller et de censeur, paraissent dire Rivas et Galiano, que je suis porté à croire : « En esta obra impresa, — écrit Rivas à Galiano dans sa dédicace de *D. Alvaro* (édit. de 1835), — reconocerá V. la misma que con tanta inteligencia y mejoras puso en francés, para que se representara en los teatros de Paris... »

Plus loin, il parle des « lances que pensados, leídos y repetidos por los alrededores de Tours nos pusieron muchas veces de tan festivo humor... », et il évoque les éloges que la pièce a valus à Galiano : « este drama... que tantos elogios ha debido á V... ». Et Galiano écrit dans la « Revista Española » du 15 mars 1835 : « No tengo parte, hablando propiamente, o no tengo parte principal en la composicion de D. Alvaro, pero le ví nacer y crecer, y en cuanto podía mi poquedad ayudé á su nacimiento, y tengo amor entrañable, amor casi paternal á la criatura, dimanado quizá del amor casi fraternal que me une con el padre ».

Tout ce qui précède s'applique à la première rédaction de *D. Alvaro*. Qu'advint-il de celle-ci lorsqu'elle fut terminée? Mesonero, dans ses *Memorias de un Setentón* (p. 429), dit que Rivas eut l'amabilité de lui en lire quelques scènes à Paris en 1833. Hidalgo raconte que les deux amis « empezaron á luchar con los actores, siempre tropezando con dificultades, hasta que una actriz dió al Duque el golpe de gracia desesperanzándole enteramente : quemólo al considerar tanto paso inútil, tanto desarreglar, suprimir, poner escenas; la emprendió contra el manuscrito y lo quemó ». Juan Valera a entendu dire plusieurs fois et tient pour certain (« El Ateneo », II, 127) que le drame, traduit par Galiano, fut remis par

1. « Durante su emigración en Tours, mi padre hizo, en colaboración con el Duque de Rivas, el plan del famoso drama, *D. Alvaro*, y para sacar de él algún provecho se pensó representarle en Francia, á cuyo efecto llegó á escribirlo todo él, ó poco menos, en lengua francesa ». (*Memorias de A. G...*, II, 536.)

les deux collaborateurs à Prosper Mérimée « el cual anduvo entreteniéndolos largos meses, con halagüeñas esperanzas que jamás se realizaron ». Ici, encore, je m'en tiens à l'aveu de Rivas: durant son dernier séjour à Paris, avant le départ pour l'Espagne, il s'occupe de l'impression des deux volumes du *Moro;* il cherche peut-être à placer à la Porte-Saint-Martin son *D. Alvaro;* mais l'amnistie intervient, qui rend plus pressant que toute chose l'appel du sol natal; *D. Alvaro* ne voit pas en France les feux de la rampe : « No se verificó esto, como V. sabe por las inesperadas circunstancias que dieron fin á nuestra expatriación ». Je ne crois pas que le manuscrit original en prose ait été brûlé.

Peut-être, comme le veut Hidalgo, est-ce Toreno qui, dans la salle des Pas-Perdus, au Sénat, conseilla à Rivas de reprendre le drame et de l'écrire en vers. D'après Luis Maraver (biographie de Rivas dans « El Liceo de Córdoba », 22 mai 1845) « corrigió y versificó en quince días el *D. Alvaro* ». La pièce fut lue devant plusieurs littérateurs et Quintana, dit Hidalgo, se montra favorable : « pero Gallego se levantó y dijo : « Señores, ésta es la obra de un gran poeta ; pero ese poeta está loco ! [1] »

Que restait-il de la première rédaction dans la pièce qui fut représentée à Madrid en mars 1857 ? Après avoir déclaré que celle-ci est *la même* que celle-là, Rivas ajoute, quelques lignes plus loin : « Y ahora la presento en los (teatros) de Madrid, con algunas variaciones esenciales, y engalanada con varios trozos de poesia ». Rivas entend-il par là accentuer l'originalité du drame, accroître sa part dans l'exécution ? Lui fit-il, en effet, subir des variations essentielles et lesquelles ? Le dénouement fut-il modifié après que *Les Ames du Purgatoire* de Mérimée eurent paru dans la *Revue des Deux Mondes*, à partir du 15 août 1834 ? Rien, en l'état actuel des choses, ne nous permet de sortir du domaine des hypothèses.

Quoi qu'il en soit, le drame est mis à l'étude. On annonce la prochaine « première », et malgré l'intérêt qu'elle suscite, on n'a pas

1. Je ne mentionne que pour être complet l'article étrange publié dans « El Diario de Cádiz » par le « docteur Thebussen » et cité par Funes dans son inconsistante étude sur *D. Alvaro*. Thebussen prétend reproduire les souvenirs de Galiano, qu'il fait parler ainsi : « Nos hallábamos Saavedra y yo en el extrangero en la época del pleno romanticismo, y le ocurrió á D. Angel escribir un drama arreglado á aquel patron. — Pues nada más fácil, le repliqué; recuerde usted alguno de los cuentos que allá en su niñez debió oir en Córdoba, y cualquiera de ellos tiene miga para una composición dramática. — Relató Saavedra una historia... y otra... y otra tercera, en la cual salió á relucir el *Indiano*. — Basta : No siga usted más. Ese cuento, bien arreglado, será de gran efecto teatral. Manos á la obra. — Se escribió el drama que fué traducido al francés; y aun cuando D. Antonio escribía el francés y el inglés con la misma facilidad que el castellano, no fué él quien lo puso en el idioma de Molière, como dijo D. Manuel Cañete, sino el insigne hispanófilo Prosper Mérimée. — Representóse en el teatro de la Porte-Saint-Martin, de Paris, y esta circunstancia, añadía Galiano, fué la que hizo decir á un caballerete que se hallaba próximo á mi sitio en una de las representaciones dadas en Madrid, que el drama no era más que la endeble traducción ó arreglo de cierta composición francesa ».

Je suis convaincu qu'il n'y a pas un mot de vrai dans ce qui précède.

l'impression que la bataille d'*Hernani* va se renouveler. Voici quelques extraits de la presse :

« El Correo de las Damas », 21 mars 1835 : « Según la corta idea que tenemos de su argumento, no hay duda en que será románticamente romántico. Los personages son muchos, los lugares de la escena varios, los géneros distintos de metros en que está escrito, tantos acaso como pueden salir de la acreditada pluma del Sr Duque Pronosticamos desde luego que esta producción causará grande efecto, y sabemos que igual pronóstico han hecho oráculos más fidedignos que nosotros ».

« El Artista », p. 72 du t. I. : « Se asegura que el Sr. Blanchard está pintando las decoraciones que se han de estrenar muy en breve en un drama en cinco jornadas, de uno de nuestros poetas más acreditados. Su título es, si no nos equivocamos, *D. Alvaro ó la Fuerza del Sino*. No creemos inútil decir que este drama está compuesto en el sentido de las modernas doctrinas literarias: ni podemos menos de dar el parabien á la empresa, por haber recibido en su repertorio una obra original española. Es una circunstancia que se presenta con tan poca frecuencia, que sería una injusticia no hacer mencion de ella ».

Et p. 144 : « Esta noche se dará definitivamente la primera representacion de *D. Alvaro ó la Fuerza del Sino*, drama en cinco jornadas, en prosa y verso, de cuyo éxito hablaremos á nuestros lectores, haciendo al mismo tiempo un análisis de las bellezas y defectos que en él encontremos en nuestro próximo número. Se asegura que la empresa ha hecho desembolsos de consideracion para adornarlo con todo el aparato teatral que exije su argumente, que en muchas partes puede considerarse como enteramente fantástico. Difícil sería no congratularse al ver una composicion original ocupando por algunos días una escena invadida por muy modestas traducciones ».

Enfin, voici deux entrefilets de « El Universal » (= « La Abeja ») du samedi 21 et du dimanche 22 mars : « Mañana domingo á las siete de la noche se representará un drama nuevo en 5 jornadas en prosa y verso, titulado *D. Alvaro ó la Fuerza del Sino*. Las representaciones de este drama debian haberse empezado hoy sábado ; pero no habiendo presentado el ensayo jeneral que de él se hizo anoche la seguridad que requiere el complicado juego de sus principales escenas, se ha organizado en su lugar la siguiente funcion ».

« Hoy es el día destinado para la primera representacion de *D. Alvaro ó la Fuerza del Sino*. No pocas veces hemos oido decir que el *romanticismo* es en literatura lo que la libertad en política. Si este aserto es falso, no por eso dejaremos de ponernos de parte del que sacudiendo las mezquinas trabas que el rigor de los clásicos impuso al vuelo de la imajinacion, consulta sólo á su alma para trasmitir los afectos que esperimenta ; y si es verdadero como lo hemos leido en un periódico de esta capital, no dudamos que el público que ha dado y da tantas pruebas de querer toda la libertad posible para su patria, quiera solo *cadenas* para nuestra escena. El público es difícil que se equivoque cuando falla en masa : esta es la idea más halagüeña que concibe el que escribe acerca del éxito de un drama, que si no corresponde á sus esperanzas, será sin duda porque tambien á veces es un defecto en el poeta tener una imaginacion demasiado ardiente. — R. C. »

La pièce fut donc jouée le dimanche 22 mars 1835, à 7 heures du soir, au théâtre du Príncipe. Elle était très bien montée; les figurants, nombreux et bien vêtus; les costumes des principaux acteurs, conformes à la vérité archéologique; les décors, luxueux; les premiers rôles, bien tenus, encore que Luna, excellent jusqu'au 4e acte, détonnât un peu au 5e. A la dernière scène, constate « El Correo de las Damas », « D. Alvaro se mete detras de una peña, y desde alli tiran un muñeco que parece que es él y cae el telon, y unos silban la disparatada composicion, y otros aplauden al conocido autor... ». Le « Mensajero de las Cortes » ne peut s'empêcher d'avouer que « los espectadores estaban llenos de estrañeza durante la represensation del drama... Al caer el telon, no podemos ni queremos ocultar que fueron más los desaprobadores que los aprobantes ».

Quelques critiques, et notamment « Azorin » dans son livre sur *Rivas et Larra*, ont prétendu que D. Alvaro avait été si peu goûté, qu'on avait dû le retirer bientôt de l'affiche. Ce ne fût, certes, pas un succès; le public ne se passionna pas autant que l'on a pu le prétendre. Mais un examen attentif des annonces théâtrales nous amène à constater deux faits : d'abord, l'affiche se renouvelait alors avec une fréquence dont les mœurs et habitudes de nos jours ne peuvent donner une idée; et ensuite, s'il est exact que bien des pièces ont tenu l'affiche avec plus de persistance que *D. Alvaro*, celui-ci, poursuivi par son « Sino », avait eu la malchance d'être joué en fin de saison. Il y a relâche le 23 et le 24 mars; on donne le nouveau drame le 29 au théâtre de la Cruz, en matinée; il y a relâche les 30 et 31; on reprend *D. Alvaro* au Príncipe le 2; relâche le 3; *D. Alvaro* est joué le 4 avril, qui semble être la clôture de l'année théâtrale. Le 8, les journaux publient les projets des directeurs pour 1835-36 : *D. Alvaro* y est mentionné.

La pièce a été reprise bien des fois, tant à Madrid qu'en province. Voici quelques dates et quelques chiffres (puisés dans divers périodiques, dans le *Diario* de l'A. M. S., et dans « Peers : *El Romanticismo en España...* »).

Les grands centres intellectuels de la province sont Valencia, Sevilla, Barcelona. Valencia est la première à applaudir *Don Alvaro :* les 17 et 18 octobre 1835. Jusqu'en décembre 1838, on le joue 14 fois, et encore 11 fois en 1840-42.

A Sevilla, qui est pour Rivas la vraie patrie selon l'esprit, la « première » a lieu le 29 avril 1836. On joue le drame les 15 et 22 mai, le 24 juin, le 26 décembre; en 1837, le 8 septembre; en 1838, les 25 et 26 novembre; en 1839, le 6 novembre; en 1840, le 28 mai, et le 13 novembre (représentation de gala); en 1842, le 6 janvier.

La « première » à Barcelona est du 1er juillet 1837; cette

année-là, on le joue 8 fois; en 1838 et en 1840, jamais. Pour 8 représentations de *Don Alvaro* en 1836-1838, on en a 22 de *El Trovador*, 11 de *Los Amantes de Teruel*, 33 des drames de V. Hugo, 45 de ceux de Dumas et 21 de ceux de Ducange.

A Madrid, je trouve des représentations annoncées pour le 11 août 1837; les 9 et 10 mai 1841, avec García Luna et Antonio de Guzmán, et de beaux décors; on parle de cet « acreditado drama... que tantos aplausos ha merecido en todas sus representaciones. »

Quelques acteurs fameux tirèrent *Don Alvaro* de l'oubli où il tomba un temps assez long. L'un d'eux fut Vico, 1840-1900, à qui sans doute fait allusion Roque F. Yzaguirre dans son étude sur Rafael Calvo (p. 27). Lorsque Vico-Alvaro venait de tuer D. Carlos, « deteníase con el brusco movimiento con que se planta un loco, como impresionado por el estupor, pasaba la mano por su frente, elevaba los ojos al cielo, y seguía su marcha ». Rafael Calvo, lui, avait le tort de passer tranquillement entre deux haies de baïonnettes. Mais c'était, par ailleurs, un excellent artiste, qui pendant trois saisons consécutives donna au Príncipe le drame de Rivas, en un total de 50 représentations, en 1884-86. Son art de dire des vers, son âme, le soin avec lequel il étudiait la pièce, lui valurent des ovations méritées.

Don Alvaro est toujours au répertoire, où un Calvo incarne toujours aux applaudissements du public le célèbre héros romantique.

La B. M. M. possède diverses copies manuscrites de *D. Alvaro* :

1° Sous le n° 179-1, une copie en 5 cahiers (un cahier par acte), dont chacun porte la mention « 1er Apte Solis. Español. 1851 » C'était le manuscrit dont se servait en 1851 le premier souffleur du Teatro Español, Solís. La seule variante intéressante se trouvait déjà dans les manuscrits étudiés ci-dessous :

2° Sous le n° « 25-2, ms. 1835-4° » se trouvent trois copies de *D. Alvaro*, de 5 cahiers chacune (un par « jornada »). Elles sont datées de 1835 et servaient à des acteurs, au metteur en scène, aux souffleurs et contiennent quelques indications techniques et des variantes dignes de quelque attention.

Pour l'incident du pistolet qui part tout seul (A. 1, Sc. 8), un acteur était placé sous la table, dont le tapis le cachait; il avait un pistolet; le souffleur l'avertissait de se tenir prêt à tirer lorsque D. Alvaro disait : « ... Vuestra hija es inocente ». Et il lui faisait signe que le moment était venu quand D. Alvaro disait : « ya me tenéis desarmado ». Pour l'acte II (Hornachuelos), le metteur en scène avait prévu : « Espiritu de vino para el hogar, mesa, 6 asientos, candilon encendido, criba con cebada, jalmas, alforjas, bota con vino, frasquito con agua, sarten con vianda, 2 panes, 6 cucharas de palo, candil, y cepillo de ánimas, trevedes ». Dans les scènes du couvent, il déclenchait de temps en temps l'orgue et un chœur, et il faisait, vers la fin, éclairer le théâtre progressivement : « amanece por grados ». Au IIIe acte, on entendait des coups de canon et des décharges d'infanterie. A la fin du Vᵉ acte, il se faisait une grande consommation d'éclairs et de tonnerre.

Variantes intéressantes : I. 7 : le texte primitif ne portait pas les 4 vers qui viennent après « Hoy deshicieran la esperanza mia ». Dans cette même scène, les mots « mi Dios » étaient remplacés par « mi amor » dans l'exclamation « Mi bien, mi Dios, mi todo » : « mi Dios » choquait sans doute certains auditeurs de la catholique Espagne. A la sc. 7 du IIᵉ acte (Esc. Cast. VI, 290-292), plusieurs passages étaient tantôt supprimés (pour alléger la scène), tantôt repris : 1° Les 20 vers qui commencent par : « Ya no me cercan, cual hace... » ; 2° Les 6 qui commencent par : « s inmutable... Hija mia » ; 3° Les 8 qui commencent par : « Resuelta á seguir su ejemplo... » ; 4° Les 6 qui commencent par : « En nuestra iglesia sus restos... ».

La scène 1 de l'acte IV était abrégée elle aussi. Les scènes 3 et 4 de l'acte IV étaient fortement remaniées. Après « Bajo su palabra... Oh cielos ! » (Esc. Cast. VI, 354) on lisait : « Vase el capitan, dejando dos centinelas ». Puis venait la scène 4, remplie par un monologue de D. Alvaro :

Heme otra vez, terrible suerte mía,
teñida en sangre mi inocente mano :
sangre del que debí llamar hermano ;
Sangre de mi Leonor!!... Estrella impía !
este funesto y desastroso día
se unirá por decreto soberano
con la atroz noche que el horrendo arcano
me hizo matar cuando morir debía.
de la estirpe infeliz de Calatraba
nací esterminador inecsorable.
Ya no hay reparacion, si es que aun quedaba.
Tornóse el valladar aun penetrable
que de mi único bien me separaba,
en monte inmenso, en piélago insondable.

Escena 5ª.

D. Alvaro, el Capitan.

Entra el Capitan y un soldado con una bandeja, dos botellas de vino y vasos de limonada.

Cap. Permitidme, compañero,
que de beber os ofrezca ;
y que lo aceptéis aguardo
sin cumplido y con franqueza.
Ola, luces.
Alv. Muchas gracias
por tan cortesana oferta,
que con toda el alma acepto.

Cap. Queréis limonada?
Alv. Venga. (Tomo un vaso.)
Cap. Le echaré un poco de vino.
Alv. Mil gracias : tengo muy seca
La garganta y me parece.
que el corazon se me quema.
Cap. Pues bebed.
Alv. Con mucho gusto. (Bebe.)
Esta muy dulce y muy fresca
Y en Beletri que se dice?

Ici, le texte reprenait comme dans Esc. Cast. VI, 354. Dans le vers « Y aun el suelo me sustenta?... », *suelo* était remplacé par *cielo*. (p. 355).

Après le vers « Pero imposible en él ambos » (p. 356).

D. Alvaro ajoutait : « Culpa fué de las estrellas,
misterios son del arcano.
Y ¿porqué? ¿porqué? Dios mío,
confundidme con un rayo ».

Ces vers parurent-ils trop peu orthodoxes à quelques auditeurs? Conseilla-t-on à Rivas de les supprimer?

Dans une autre copie (suivie par la copie datée de 1851 et cotée 179-1), la scène est raccourcie à partir de « Y en Beletri ¿qué se dice? » A ce vers, le Capitaine répond aussitôt :

No se habla de otra materia.
La amistad íntima, todos,
que os enlazaba, recuerdan
con don Félix, y las causas
que la hicieron tan estrecha,
y todos dicen...
D. Alv. Entiendo.
¡ Que! soy un monstruo, una fiera!
¡ Ay! que nací para amarlo.
¡ Con qué noble gentileza
entre un diluvio de balas
se arrojó, viéndome en tierra! (Pausa)
Cap. Anuló sin duda tales...

Le texte est ensuite conforme à Esc. Cast. jusqu'à « Pero imposible en él ambos ». De ce dernier vers, on saute à : « Aun puede haber circunstancias ». La scène s'achève après : « Me honra y me confunde à un tiempo. »

Le début de la scène 10 de l'acte V était rédigé comme suit, dans une copie de 1835 :

Doña Leonor. — Huid temerario; temed la ira del cielo; no profanéis este asilo de penitencia.

D. Alvaro. — Una mujer. Cielos. ¡Qué acento! es un espectro. Comienza ya mi castigo (on avait écrit d'abord *suplicio*)? Imagen adorada, ¿ vienes á vengar la sangre que gotea de mi mano? Leonor. Leonor.

D. Alfonso. — ¡ Leonor ! ¿ qué escucho? ¡ mi hermana !

E. Alvaro. — ¡ Vision vengativa ! ¡ Espiritus infernales ! En el nombre del Altisimo os conjuro...

Une main a barré certaines parties du texte ; ce qui a subsisté a donné le texte de l'édition des Esc. Cast., VI. 388-9.

[**101**] 1839. — D. Alvaro, / o / la fuerza del sino, / *drama original en cinco jornadas, / y en prosa y verso, / de D. Angel de Saavedra. Duque de Rivas. — Madrid : en la imprenta de Yénes, calle de Segovia, num. 6. — 1839.*

1 vol. in-8° de 100 pages, relié, en un recueil de 8 pièces, après *El Paje* et *La Corte del buen Retiro*. Ne donne pas la dédicace contenue dans l'édition princeps, dont elle suit le texte. Toutefois, on trouve à la p. 2 la liste de tous les personnages. — Je n'ai vu qu'un exemplaire de cette édition à la B. M. M., dans « Coleccion de comedias » (cote : 2107).

[**102**] 1857. — Don Alvaro.

Hidalgo, *Diccionario*... (II, 335a) : « Don Alvaro o la fuerza del sino. Drama original en cinco jornadas, en prosa y verso, por D. Angel de Saavedra, Duque de Rivas. Este drama ha sido aprobado para representacion por la junta de censura de los teatros del reino en 19 avril de 1849. Madrid, 1857, imp de C. Lopez, lib. de Cuesta. En 8° mayor. Gal. dram. » A la suite de ces indications, Hidalgo donne la « verdadera (?) historia » de *Don Alvaro*.

[**103**] 1886. — Don Alvaro...

Ps. 25-79 de : « Autores dramáticos contemporáneos y joyas del teatro español del siglo xix. Unica edición... Tomo I ». Le prologue de Manuel Cañete va de la p. 1 à la p. 24 de ce vol. in-4°, qui est fini d'imprimer en février 1886, et qui porte néanmoins la mention « Madrid, imprenta de Fontanet, calle de la Libertad, núm. 29. — 1881 ». Édit. de luxe, sans intérêt critique.

[**104**] 1889. Don Alvaro.

1 vol. in-8° de 100 ps. Il manque les ps. 89-94 incluse. P. 3, le titre :

Don Alvaro ó la fuerza del Sino drama original en cinco jornadas en prosa y verso de Don Angel de Saavedra. Duque de Rivas. Este drama se estrenó en el *Teatro del Principe* la noche del dia 22 de marzo de 1835, alcanzando extraordinario éxito. Madrid, imprenta de Moreno y Rojas 1889. — Cet exemplaire porte la signature « El Duque de Rivas » qui est celle du fils Enrique.

La p. 5 donne le « Reparto en el estreno ».

[105] ? — D. Alvaro, ó la fuerza del sino.

La pièce occupe les ps. 413-458 d'un vol. in-4° de 555 pages, texte imprimé sur deux colonnes; le seul titre que porte l'exemplaire que je possède, c'est « Teatro selecto (antiguo español) ».

La p. du titre manque. Ce vol. est intéressant par son contenu : on y trouve la *Raquel, El Delincuente honrado, La condesa de Castilla* (de Cienfuegos), *Zorayda* (id.), *Pelayo, El sí de las niñas, La comedia nueva, Edipo, La hija en casa..., La conjuración de Venecia, Indulgencia para todos* (de Gorostiza), *El abogado de pobres* (de Bretón), *Los amantes de Teruel, D. Alvaro, Afectos de odio y amor* (de García Gutiérrez), *Es un ángel* (de Suárez Bravo).

Don Alvaro, dont le texte est dépourvu de toute valeur critique, est précédé d'une vignette où est dessinée la scène finale : D. Alvaro faisant le saut, D. Alfonso poignardant sa sœur, les moines criant « Misericordia ! ».

[106] ? — Don Alvaro.

1 vol. in-8° de 159 ps. Édition populaire de « La novela ilustrada », non datée, mais de l'année 1906 environ. Le titre sur la couverture : « Don Angel de Saavedra, Duque de Rivas. — *Don Alvaro ó la fuerza del sino.* — (Portrait, peu flatté, de l'auteur). — La novela ilustrada... Madrid ».

[107] 1836-1838. — « Teatro moderno español.

Coleccion de varios dramas de autores modernos. Madrid, en las imprentas de Repulles, Jordan, Sancha, Yénes y los hijos de Doña Catalina Piñuela, 1836-1838, 4 vol. 8° marq. »

(Salvá, *Catálogo*..., n° 1434, p. 515 a). Il y a, dans ce recueil factice, des pièces de García Gutiérrez, Hartzenbusch, Bretón, etc... et de Rivas. Lesquelles? Il m'est impossible de le dire; on doit se borner à remarquer que les quatre premiers imprimeurs mentionnés ont édité des pièces de Rivas.

[108] Discursos / *pronunciados en el Senado / por / los Señores / Duque de Rivas, / marqués de Miraflores / y / obispo de Córdoba, / en las sesiones de los días 1° y 2° de Marzo de 1838. — Madrid: imprenta de la Compañia Tipografica. 1838.*

1 vol. in-4° de 55 ps.

P. 3 : Discurso pronunciado en el señado por el Señor Duque de Rivas en la sesion del día 1° de Marzo de 1838. — Finit p. 22. Il s'agit d'un discours prononcé par Rivas en faveur des religieuses des ordres mendiants, à l'occasion d'une proposition de Sánchez sur le crédit public.

[109] 1838. — Los Hércules.

Rivas écrivit ce tableau de mœurs à « Sevilla año 1838 ». Il parut, sans autre signature que S****, dans la 2e livraison de « La Lira Andaluza », en 1838, à Sevilla.

[110] 1838. — Una antigualla de Sevilla.

Imprimé dans : *a*) « El Liceo Artístico y literario español », n° 3, ps. 121-126 (correspond au mois de mars 1838). Signé : A. de Saavedra, Duque de Rivas; — *b*) « Fruto de la Prensa Periódica », t. VI (1840), ps. 351-365, qui l'emprunte au *Liceo;* — *c*) Bonilla : *Parnaso...*, t. III, p. 105.

[111] 1838. — El Fratricidio.

Lu à la séance du Liceo de Sevilla du 15 juin 1838; le titre en était alors *El castillo de Montiel*. Cf. « El Cisne », n° 4 (du 24 juin 1838), p. 48.

Publié dans : « Revista de Madrid, » t. II, août 1838, ps. 85-97; signé : Angel de Saavedra, Duque de Rivas; « Fruto de la Prensa Periódica », t. IV (1839), ps. 357-374, qui reproduit le texte de « La Revista de Madrid » ; E. de Ochoa : *Apuntes...*, t. II, ps. 698 sq. (1840).

[112] 1838. — A un arroyo. Meditacion.

Porte, dans Esc. Cast. II, 158, la date « 1837 ». Mais a paru dans « El Cisne », n° 11, 12 août 1838, ps. 124-125, sous le titre « A un arroyo, meditacion », et avec la signature : « Sevilla y julio 13 de 1838. — A. de S. — D. de R. ». Réimprimé dans *El Crepúsculo de la tarde*

[113] 1838. — La Buenaventura.

Paru dans : « Revista de Madrid », 2a serie, t. II (1839), ps. 210-224, sous le titre de : *La Buenaventura. — Poesia histórica. —* Por. D. A. S., Duque de Rivas. — A la fin : « Sevilla, 13 de Julio de 1838 A. de S., Duque de Rivas. » Ce romance aurait donc été terminé le même jour que le n° [112].

[114] 1839. — Bailén.

Paru dans : « Revista de Madrid », 2a serie, t. II (1839), ps. 328 sq. — Intitulé : *Bailen. — Poesía. D. A. S., Duque de Rivas.* — A la fin : « Sevilla, 3 de Agosto de 1839. — A. de S., Duque de Rivas ».

[115] 1840. — Tanto vales / cuanto tienes / *Comedia en 3 actos y en verso / de / D. Angel de Saavedra, / Duque de Rivas* [Vignette.] *Madrid. — Imprenta de Repullés. — 1840.*

1 vol. in-8° de 123 pages. T. XXV de la *Galeria dramática* — Un exemplaire à la B. M. M. (cote 228-57); un exemplaire sur papier de luxe, à la B. MP. S., dédié par « El Autor » « á mi amado hermano

Leopoldo Cueto ». — De tout point conforme à l'édition des Esc. Cast. VI.

Le B. M. M. possède en outre (cote 70-12) une copie manuscrite, qui servait aux acteurs pour les répétitions et les représentations de 1834. Le titre en est : « Tanto vales como tienes, comedia nueva original en tres actos de D. Angel de Saavedra Ramírez de Baquedano ». Le manuscrit est formé de 3 cahiers comprenant respectivement 27, 18 et 27 « pliegos » numérotés.

Peu de variantes intéressantes. Le dernier vers de l'acte II est : « Tanto vales como tienes », corrigé en « cuanto tienes » dans les textes imprimés. En outre, le manuscrit, qui est de 1834, au moment où Rivas rentrait d'émigration, ne porte pas les 4 vers par où s'achèvent les textes imprimés :

Pero antes pide rendido,
Solo un recuerdo y nos más . ,
Y aun pide mucho quizás,
Un ingenio perseguido.

Ni la copie manuscrite, ni l'édition princeps ne nous donnent la date de la composition de cette comédie. Les éditions ultérieures la disent écrite à « Malta, año de 1827 ». En fait, elle fut terminée le 2 mars 1828, à Malte (cf. nº [**45**]).

La pièce fut mise en répétitions le 24 juin 1834 et jours suivants. La « première » eut lieu au Théâtre du Príncipe le 2 juillet, en soirée, les créateurs en furent les actrices Infantes (Paquita) et Rodríguez (Rufina), et les acteurs Latorre (Blas) et Guzmán (l'usurier). On joua la comédie le 3 et le 4, puis le samedi 13 décembre sur les instances d'un ami de l'auteur (vraisemblablement Galiano). — Cf. Le « Diario del Comercio » (« Mensagero de las Cortes ») de juin, juillet et décembre 1834 ; cf. « El Universal » (même époque), la « Revista española » (id.).

[**116**] 1841. — La Cancela.

Composée en 1837, d'après Esc. Cast. II, 151 ; publiée pour la première fois dans « El Panorama », nº 126, du 7 mai 1841, ps. 175-176. — Reproduite dans la « Revista Andaluza », 1841, vol. II, ps. 43-45 ; « El Semanario Pintoresco », 1851, ps. 23-24 ; *El Crepúsculo de la Tarde* ; le *Florilegio*, de Valera, II, 198-202.

[**117**] 1841. — Romances históricos.

1 vol. in-8º de 502 pages (non compris les pages de titres). La Bibliothèque Universitaire de Toulouse en possède un exemplaire, bien imprimé sur bon papier. De belles gravures sur bois, en tête et à la fin de chaque romance.

Romances históricos. — Au verso : imprenta de H. Fournier y Cª, calle de Saint-Benoit, nº 7.

ROMANCES / HISTÓRICOS / DE / D. ANGEL DE SAAVEDRA, / DUQUE DE RIVAS [Vignette]. — *Paris.* — *Libreria de D. Vicente Salvá, calle de Lille, N° 4.* — *1841.*

Ps. 1-29 : Prologo; ps. 31-499 : Texte des romances; ps. 501-502 : Indice (où l'on indique le titre de chaque romance, et celui des diverses pièces qui le composent).

La mise en vente de cet important recueil est annoncée dans les mêmes termes par « El Correo Nacional » du mercredi 4 février 1841 et « El Corresponsal » du vendredi 6 février : ... « Un tomo en-8° Marquilla, de más de quinientas páginas, que se halla de venta á 24 rs en la libreria de Gila, calle de Carretas, y en la de la vuida de Rezola, calle de la Conception Geronima ». Il semble bien que ce soit là la première édition, et que celle de Madrid (par Lalama) soit venue après.

Le volume comprend 18 romances.

1. Una antigualla de Sevilla.
2. El Alcázar de Sevilla.
3. El Fratricidio.
4. D. Alvaro de Luna.
5. Recuerdos de un grande hombre.
6. Un embajador español.
7. La Buenaventura.
8. La muerte de un Caballero.
9. Amor, Honor y Valor.
10. La Victoria de Pavía.
11. Un Castellano leal.
12. El solemne desengaño.
13. Una noche de Madrid en 1578.
14. El Conde de Villamediana.
15. El cuento de un veterano.
16. Bailén.
17. La vuelta deseada.
18. El sombrero.

Ces 18 romances sont rangés selon l'ordre chronologique des faits ; Rivas a voulu sans doute, au moment de l'édition, marquer son intention de donner un aperçu des grandes époques de l'Histoire d'Espagne En réalité, il a composé ces pièces au hasard de l'inspiration. On peut donner la date, précise ou approximative, de quelques-unes d'entre elles. (Le présent recueil n'en porte aucune).

1. Les n°s 17 et 18 ont dû être composés à Tours en 1833. Ils ont été publiés en 1834 avec *El Moro expósito*. Cf. [**96**] H et I.

2. Les n°s 2, 4 et 14 ont paru avec les deux précédents. Ils ont été écrits à Paris, en 1833. Cf. [**96**] J. K. et L.

3. Les n°s 5 et 15 sont datés par Rivas de Gibraltar, 1837.

4. Les n°s 1, 3 et 7 ont été composés à Sevilla en 1838. Cf. [**110**], [**111**] et [**113**].

5. Le n° 12 a été terminé à Sevilla le 27 avril 1839. Cf. [**48**].

6. Le n° 16 a été terminé à Sevilla le 3 août 1839. Cf. [**114**].

7. Pour les n°s 6, 8, 9, 10, 11 et 13, voir *A. de S.*, *D. de R.*, IIe part., liv. I, chap. 10.

Les n°s 1, 2, 3, 4, 7, 14, 16, 17, 18 avaient été publiés isolément avant le recueil de 1841, qui contenait donc la moitié de poésies inédites. Les romances suivants, publiés pour la première fois en 1841, ont été, depuis lors, imprimés isolément.

a) *Un castellano leal :* dans *Album literario español...* Madrid, 1846, ps. 49-60 (Rivas lui-même avait fait choix de ce romance pour le représenter dans l'album) et dans : Menéndez y Pelayo : *Las cien mejores poesías líricas....* p. 217 ;

b) *Una noche de Madrid en 1578*, dans Lemcke : *Handbuch...*, t. II, ps. 760 sq.

[**118**] 1841. — ROMANCES HISTÓRICOS.

1 vol. in-8° de XXXVI-471 pages ; (B. N. M., papier et impression médiocres) ; p. 1 : *Romances históricos ;* p. II : ROMANCES HISTÓRICOS DE D. ÁNGEL DE SAAVEDRA, DUQUE DE RIVAS. *Madrid 1841 : Imprenta de D. Vicenta de Lalama, Calle de las Huertas, núm. 8.*

Ps. V-XXXV : Prólogo, (p. VI, lignes 4-5 : « inchando... » pour « luchando » ; non corrigé aux errata ; p. XXXVI : « Esta obra es la propiedad de su autor quien perseguirá ante la ley al que la reimprima » ; ps. 1 à 465 : Texte des Romances ; p. 467 : Indice de las composiciones que contiene este tomo ; p. 469 : Indice de los Romances de cada composicion ; p. 471 : Errata (nombreux).

[**119**] 1843. — ROMANCES HISTÓRICOS.

ROMANCES HISTÓRICOS / *del escmo Sr. / Duque de Rivas.* — [Vignette] Tomo I. — Madrid. — M. Romeral, editor. — Calle de Atocha, N° 65, cuarto principal. — 1843.

Je possède un exemplaire de cette curieuse édition en un vol. Elle semble copier celle de Lalama, dont la description peut lui être appliquée : on y trouve les mêmes choses aux mêmes pages, jusqu'à cet *inchando* pour *luchando* de la p. VI ! La seule différence est que le titre est modifié, et l'on trouve entre les ps. 212 et 213 une feuille hors numération, qui reproduit le titre ci-dessus, avec l'indication « Tomo II ». Cette division en tomes est factice et semble destinée uniquement à prévenir l'accusation de contre-façon. L'édition de 1843 serait-elle une de ces éditions furtives dont parle la n. 1, p. 153 du t. I de Esc. Cast. ?

[**120**] 1844 (?) — « *Saavedra (Angel de).* — ROMANCES HISTÓRICOS *de D. Angel de Saavedra, duque de Rivas. Paris, H. Fournier y Cia, 1844. 12° mayor. Viñetas de madera.* — Publicó mi padre estos romances

en 12° mayor francés para formar juego con los dos volúmes del Moro Expósito ».

Ainsi s'exprime Salvá y Mallén dans son Catálogo.., sous le N° 379, p. 164ª. Je n'ai pas vu d'exemplaire de cette édition. Est-ce la même que celle que j'ai décrite sous le N° [**117**] et Salvá a-t-il donné par erreur la date de 1844 au lieu de 1841?

[**121**] 1885-1886. — [ROMANCES HISTÓRICOS].

Je n'ai trouvé de cette édition que le t. II à la B. M. M. — 1 vol. in-8° de 143 ps., édition de vulgarisation. Sur la couverture, on lit : « De la biblioteca, tomo XXIV. — Tomo II de esta obra. Biblioteca de instruccion y recreo... Tomos encuadernados, de 10 á 50 céntimos. Descuento de 20 por 100 por mayor. En ultramar, doble precio en oro. — ROMANCES HISTÓRICOS. — *De Don Angel Saavedra. Duque de Rivas. — Tomo II. — A 50 C. — Editor, M. M. de Santa Ana. — Director, A. Sánchez Moguel. — Febrero de 1886. — Imprenta de la Correspondencia de España. Madrid. — Factor 5. — Regalo a los suscritores a la Correspondencia.*

La p. 1 reproduit à peu près les mêmes indications. Le texte finit p. 142. — P. 143 : indice. — Les pièces contenues dans ce t. II sont les N°s 11, 12, 13, 14, 15, 16 de [**117**], et deux poésies, *La Catedral* et *En el hospital de Baza;* cette dernière est le romance connu : « Con once heridas mortales... »

[**122**] 1911-1912. — *Clásicos Castellanos. — Duque de Rivas.* — ROMANCES. — *I. — Madrid, ediciones de « La Lectura ». — 1911. — II, 1912.*

2 vol. in-8° de 315 et 285 ps. respectivement, avec introduction et des notes par Cipriano de Rivas Cherif. — T. I : ps. 7-21 : Introducción. — ps. 23-47 : Prólogo del autor. — Ps. 49-50 : datos bibliográficos (avec deux erreurs : 1844 pour 1854, et « en el tomo quinto de los siete » pour « en el tomo cuarto de los siete »). — Ps. 51-311 : les romances N°s 17, 18, 14, 4, 2, 1, 3, 6, 8, 9 et 10 de [**117**]. — Ps. 313-315 : índice. — T. II : les N°s 7, 13, 5, 15, 12, 7 et 16 de [**117**]. — Ps. 257-280 : Apéndices ; *a*) prólogo de don Antonio Alcalá Galiano á la primera edicion de *El Moro Expósito; b*) le romance « En una yegua tordilla » ; *c*) le romance « Con once heridas mortales ».

Cette édition, la seule qui ait des notes, ne prétend pas à être critique ni scientifique. Les compositions y sont rangées dans un ordre chronologique de pure fantaisie, puisque l'auteur avoue (I, 20) qu'il ne connait de dates que celles des 7 romances que Rivas lui-même a datés. Les notes sont intéressantes parce qu'elles consistent presque toutes à reproduire des textes que le poète semble avoir eus sous les yeux en écrivant ses romances.

[**123**] (1906?). — *Duque de Rivas.* — ROMANCES HISTÓRICOS. — *Editorial ibero-americana. — Madrid, Desengaño, 9, 11 y 13, librería. — Barcelona, calle Valencia, 209. Bajos.*

1 petit vol. in-8° de 192 pages. — S. d., mais les ps. 1-3 reproduisent en fac-similé une lettre du duc Enrique de Rivas, datée de

« Madrid, 26 de Enero de 1906 », autorisant D. Carlos Ossorio y Gallardo à reproduire les romances de son choix. On y trouve les Nos 2, 6, 11, 3, 4, 10, 14, 17, 18 et 1 de [**117**]. — L'édition, sans introduction ni notes, n'a aucune valeur.

[**124**] 1916. — ROMANCES *escogidos del Duque de Rivas, prologados y recopilados por M. R. Blanco-Belmonte. — Madrid, Saénz de Jubera, Hermanos, Editores. — 10, Campomanes, 1916.*

1 petit vol. in-16 de XIV-353 ps. — Forme le Ve volume de « Páginas selectas de literatura castellana ». Il comprend 14 romances, rangés comme dans l'éd. de Paris 1841. Il manque les Nos 8, 15, 17 et 18 de [**117**].

[**125**] 1841. — SOLACES DE UN PRISIONERO, / *o / tres noches de Madrid. / Comedia / en tres jornadas / compuesta para el Liceo artistico y literario de Madrid / por / Don Angel de Saavedra, / Duque de Rivas. — M. D. [Manuel Delgado]. — Madrid. — En la imprenta de Yénes, calle de Segovia, num. 6. — 1841.*

1 vol. in-8o de 100 ps. — T. XXVI de la « Galería dramática ». — (B. M. M. cote 2114). — Pour la date de composition, cf. [**50**]. — Rivas passa pour cette œuvre un contrat avec Manuel Delgado, et reçut de lui 1.000 réaux en 1840 (Append. IX). — La pièce fut comprise en 1842 dans un nouveau contrat qui intéressait en outre *La Morisca de Alahuar* (Append. IX). — La mise en vente des *Solaces* est annoncée par « El Corresponsal » du 8 mars 1841 : « Véndese á 8 rs, en las librerias de Cuesta y Escamilla ». (Cf. « El Correo Nacional » du 9.)

La pièce fut représentée à Madrid, au Teatro del Príncipe, le 2 février 1841, avec un succès médiocre (cf. « El Iris »). — Elle fut jouée à Sevilla, au Teatro Principal, le lundi 17 mai de la même année; puis le 12 décembre; le 2 janvier 1842. — A Málaga, en janvier 1842.

[**126**] 1841. — LA MORISCA DE ALAJUAR. *Comedia en tres jornadas de Don Angel de Saavedra, Duque de Rivas. Madrid : en la imprenta de Yénes, calle de Segovia, num. 6. 1841.*

1 vol. in 8o de 120 ps. — (T. XXX de la « Galería dramática »). — Pour la date de la composition, cf. [**51**]. Pour le contrat passé entre Rivas et Delgado à propos de cette pièce, cf. Append. IX. — La mise en vente est annoncée par « El Correo Nacional » du lundi 6 décembre 1841. La pièce était déjà à Madrid en mai (cf. « El Iris » : « recuerda los buenos tiempos de nuestro teatro »). Représentée les 25 et 26 novembre 1841, avec Lombía, pour le bénéfice de Antonio

Guzmán. « ... descendió al sepulcro al compas de furiosos y desacordes silbidos ». (C R. par A. Ferrer dans la « Revista de Teatros ». — Même note dans « El Iris »). Jouée le 24 janvier 1842 à Sevilla.

[127] 1842. — Teatro *de D. Angel de Saavedra, Duque de Rivas.*

« Tomo I° contiene las comedias siguientes : Tanto vales cuanto tienes. — Solaces de un prisionero. — La morisca de Alajuar. — Se halla a 20 rs en la librerias de Cuesta, calle Mayor, y de Rios, en la de Carretas, frente a la imprenta Nacional. — El tomo II° comprenderá las tres producciones tituladas D. Alvaro, Crisol de la Lealtad, El Desengaño en un sueño. »

Annonce publiée par « El Corresponsal » du mercredi 30 juin 1842. — Rivas, dans une lettre du 3 mai (cf. Append. 1) parle de « los dos tomos de obras dramáticas en-8° que acaban de publicarse en Madrid por D. Delgado ». Le t. II, imprimé ou sous presse le 3 mai, n'avait sans doute pas été mis en vente au 30 juin.

[128] 1842. — El Crisol de la Lealtad. *Comedia en tres jornadas, original de Don Angel de Saavedra, Duque de Rivas* [Vignette]. Madrid, imprenta de Repulles, 1842.

1 vol. in-8° de 103 pages (N° XXXVII de la Galería dramática). Un seul exemplaire à la B. M. M. — La « Revista de Teatros » du 24 avril 1842 dit que l'on prépare au théâtre du Príncipe *El Crisoli.* — « El Pasatiempo, diario de teatros », dans son N° 38, du dimanche 8 mai, publie un entrefilet intitulé « Anomalias » : « Mientras *El Crisol de la lealtad* ha sido retirado del estudio en el Teatro del Príncipe, por parecer de poco mérito, según nos han informado, dice un periódico de Sevilla, que pronto se estrenará en aquella cuidad, pues el Sr Valero, y cuantos asistieron á su lectura, salieron entusiasmados, por ser una de las mejores obras del Sr Duque de Rivas ». — Le même jour, « El Corresponsal » publie dans la section des « Variedades » quelques lignes d'inspiration analogue : « Dicen de Sevilla : El Señor D. Angel de Saavedra, Duque de Rivas, ha concluido ya su comedia en tres actos y en verso titulada : *El Crisol de la Lealtad.* Nosotros podemos asegurar que esta obra dramática es de las mejores que han salido de la brillante pluma del Señor Saavedra ; muy pronto tendremos el gusto de verla representar en nuestro teatro, pues el distinguido actor Valero se ha encargado de la direccion de los ensayos y de la reparticion de papeles ». — La « première » eut lieu à Sevilla le 4 juillet (cf. le *Diario*... manuscrit de l'A. M. S.). — La pièce fut jouée à Madrid en juin 1843 (cf. « Revista de España y del Extrangero », t. VI, p. 185). — *El Crisol*... est dédié « Al Ilmo Sr D. Juan Nicasio Gallego : en testimonio de antigua, constante y respetuosa amistad ».

[129] 1843. — **CRISTÓBAL COLÓN.** (Fragmento.)

Composé à Londres en 1824, publié pour la première fois dans « La Floresta andaluza », avec la signature : « Sevilla. Angel de Saavedra, D. de R. » ; reproduit dans « El Laberinto », 1845, t. II, p. 219bc, et dans *El Crepúsculo de la Tarde.*

[130] 1843. — **LA CATEDRAL DE SEVILLA.**

Composée à Sevilla en 1837, lue au Liceo de Sevilla le 1er juin 1838 (cf. « El Cisne », N° 3, p. 36), publiée pour la première fois dans « El Museo de las familias », 1843, ps. 58-60, réimprimée dans *El Crepúsculo de la tarde* et dans le t. II de l'édition des *Romances históricos* de la « Correspondencia de España » (N° III).

[131] 1843-1844. — **EL HOSPEDADOR DE PROVINCIA** : *por el Excmo Señor Duque de Rivas.* **EL VENTERO...**

Le 1er de ces tableaux de mœurs figure aux ps. 384-391 de « Los Españoles pintados por sí mismos, 2 vol. in-8°, mayor, Madrid. I, Boix, editor, calle de Carretas, num. 8. MDCCCXLIII. » Le t. I compte VIII-448 ps. — Le t. II, 508. — Tous deux sont ornés de nombreuses figures. — Les essais qui composent ces deux recueils étaient répartis sous forme de livraisons; et, par exemple, « El Corresponsal », du lundi 9 octobre 1843, annonce que « se han repartido las entregas 43 y 44, que contienen : *El Hospedador de provincia*, por el Señor Duque de Rivas y *El Cartero*, por don Eduardo Asquerino ». La livraison valait 3 rs à Madrid, 4 en province, et 2 pour les abonnés de « El Avisador ». Il y avait des portraits hors-texte sur papier de couleur. — Dans le t. II, ps. 159-168 (1844), se trouve *El Ventero*, de Rivas, dont le texte dut être distribué en mai, au plus tard, car il venait immédiatement après *El Poeta*, par D. J. Zorrilla, qui, sous le N° 16, fut distribué le 3 avril 1844 aux souscripteurs.

En 1851, cette édition forma un volume de la « Biblioteca ilustrada de Gaspar y Roig » sous le titre : « Los españoles pintados por sí mismos, por varios autores. — Adornada con cien grabados. — Madrid, Gaspar y Roig, editores. — Calle del Príncipe núm. 4. — 1851. - 1 vol. in-4° à 2 col. de 383 ps. (ps. 160 sq. : *El Hospedador de provincia;* ps. 241 sq. : *El Ventero).*

Le journal madrilène « El Sol » a donné en 1918 une édition populaire de *El Hospedador de Provincia.*

El Ventero a été réimprimé en France dans : « Les auteurs espagnols du brevet supérieur », 1 vol in-8° de XVI-271 ps. textes annotés par G. Boussagol, E. Dibie, A. Fouret, et publiés par Privat et Didier, en 1921. Une deuxième édition de ce volume, corrigée, a été publiée en 1925 sous le titre de « l'Espagnol 2e langue à l'oral du baccalauréat ». — Rivas (éd. de 1854-1855, V, ps. 345 et 356, assigne à ces deux morceaux de prose la date de « Madrid, 1839 ».

[132] 1844. — El Desengaño en un Sueño. — *Drama fantástico en cuatro actos, original de Don Angel de Saavedra, Duque de Rivas.* [Vignette.] *Madrid, imprenta de D. José Repullés, agosto de 1844.*

1 vol. in-8° de 105 pages (N° LIV de la Galeria dramática). — Pour la date de la composition, cf. [52].

« Aquellos magníficos versos — écrit Cueto, *Carta al señor Conde de Morphy*, datée du 13 décembre 1875 et insérée dans la « Ilustracion española y americana », t. XIX, n° 46, du 15 décembre — brotaban de su pluma como un raudal sonoro, y en el corto espacio en que escribió el drama, raro era el día en que no nos leía en familia alguna nueva escena de aquella exuberante creación ». Cueto écrivit à Juan Lombía, directeur du théâtre de la Cruz, pour lui offrir la pièce. Lombía se déclara enchanté... avant de la lire; mais, après l'avoir lue « en compañía de personas inteligentes », il rendit le manuscrit à Zorrilla, et écrivit à Cueto le 19 décembre 1842 : « ... con sentimiento hemos visto, por informe detenido de pintores y maquinistas, que es materialmente imposible presentarla en este teatro, y quizá en el de la gran ópera de París ». Le théâtre du Príncipe réunit le comité de lecture pour examiner l'œuvre; il y avait là, entre autres « lumbreras de las letras y de la escena », Luis Pastor, Nicasio Gallego, Espronceda, Gil y Zárate, Escosura, Julián Romea, Carlos Latorre, Antonio de Guzmán : pas un seul ne juge la pièce représentable : « Hasta el insigne actor dramático Carlos Latorre... se vió obligado á confesar que no había pulmón humano que pudiese resistir al violento ejercicio que requiere un papel casi nunca interrumpido, y de pasión siempre exaltada, en un drama de cuatro actos ». — Pourtant, Rivas essaya plusieurs fois d'obtenir que sa pièce fût représentée : cf. sa lettre, datée de Naples, 18 juin 1844, et adressée à Antonio Gutiérrez de los Rios; à ce moment-là, il n'est pas encore sûr que la pièce soit imprimée. (A. de S., D. de R..., Append. XI). — Le 4 mai 1850, il écrivait à Cueto : « ... pero nada me dices de *El Desengaño en un Sueño*, y tengo empeño en que se ponga en escena... etc .. ». — Sept ans plus tard, en arrivant à Paris comme ambassadeur, il dut avoir un sursaut d'espoir en lisant dans la « Revue Espagnole et Portugaise » du 20 juillet 1857, p. 458, que M. Gabriel Hugelmann a traduit sa pièce, et la destine à l'Opéra-Comique : « Cette pièce fera sans nul doute la fortune de ce théâtre ». Mais *La vie en songe* ne fut jamais représentée à Paris. En 1875, le comte de Morphy voulait en tirer un opéra. « Usted, — lui écrivait Cueto — está escribiendo una ópera sobre un libretto sacado de *El Desengaño en un Sueño*. Felicito á V. por la honda y ardua empresa, y le deseo logre realzar en ella, con la magia poderosa de la música, la alta inspiracion del poeta .. ». – En 1875, Antonio Vico réalisa ce qui avait été le vœu cher et constant du poète défunt. Le 11 décembre il représentait sa pièce au théâtre Apolo, en présence du Roi et de la princesse des Asturies, devant l'aristocratie de la beauté, de la naissance, du savoir, du courage, de l'esprit. Des costumes magnifiques, une figuration nombreuse et pittoresque, d'admirables décors de Bonardi et Busatto Walls. A la fin, il y eut une apothéose : sur la scène, où tous les acteurs étaient groupés, on apporta une couronne de laurier vert et doré, haute de 2 mètres, avec l'inscription suivante : « La Academia Española, á la gloriosa memoria / de su esclarecido Director / el gran poeta / Don Angel de Saavedra / Duque de Rivas ». Il y eut plusieurs représentations, mais, remarque le chroniqueur Peregrín García Cadena, le 30 décembre 1875, le spectacle était un peu fatigant.

[133] 1844. — El Parador de Bailén. — *Comedia en tres actos y en verso de Don Angel de Saavedra, Duque de Rivas. — M. D. Madrid, imprenta de D. José Repulles. — Setiembre de 1844.*

1 vol. in-8° de 102 pages (N° LV de la Galería dramática). — Pour la date de la composition, voir [53]. Rivas lui assigne la date de 1843 : « ... escrita en Sevilla en 1843, representada en aquella ciudad ». (Édit. de 1854-1855, t. IV, p. 526.) — Jouée en 1843, mal accueillie par la critique (Esc. Cast. I, 93); jugée par Ferrer del Río indigne de son auteur; n'a été imprimée qu'une fois, en septembre 1844. — Je n'en ai vu qu'un exemplaire à la B. MP. S.

[134] 1844. — 1° Viaje á las ruinas de Pesto. — 2° Viaje al Vesubio.

Ces deux récits de voyages ont paru pour la première fois dans le tome IX (1844) de la « Revista de España y del Extrangero » (directeur : D. Fermín González Morón), aux ps. 145-167 et 333-349, respectivement. Le 1er est daté de « Nápoles, 30 de mayo de 1844 ; le 2e porte simplement (éd. de 1854-1855, V, p. 310) : « Nápoles 1844 »; il est sans doute du mois d'août, puisque l'auteur y dit (éd. précitée, p. 300) : « A las once de la noche del día 30 de julio, salimos de mi casa de Nápoles... ». Pour le 1er récit, cf. [57] et l'Append. XI consacré au séjour de Rivas à Naples, dans *A. de S., D. de R...*

[135] 1848. — *Sublevacion de Nápoles, en el año 1847.*

Sublevacion de Nápoles, capitaneada por Masanielo, *con sus antecedentes y consecuencias hasta el restablecimiento del gobierno español. Estudio histórico de D. Angel de Saavedra, Duque de Rivas.* [Épigraphe.] *Tomo Primero. Madrid, imprenta de la Galeria Literaria, a cargo de Castillo. Imprenta de la Publicidad, a cargo de M. Rivadeneyra 1863 (pour 1848).*

1 vol. in-8° de 294 ps., texte fautif; la 1re p. porte la date de 1863, ce qui a fait croire à certains critiques qu'il y avait une 2e édition de cette année-là. Le t. II compte 231 ps. — La 2e édition séparée a paru en 1881, dans la Biblioteca Clásica (tomo XXXV). — Le titre est libellé comme dans la 1re éd. jusqu'à l'épigraphe incluse. — Puis : « Madrid, Luis Navarro, editor. Colegiata num. 6. — 1881. » 1 vol. in-4° de 394 ps. — Ps. 1-5 : Prólogo; 7-10 : Introducción; 11-239 : texte; 241 sq. : Appendices, documents. — Pas de table.

[**136**] 1851. — El Crepúsculo de la Tarde.

M. Anduaga possédait un bel album relié, ayant appartenu au duc de Rivas, et portant le titre de : « El Crepúsculo de la Tarde ». On y voyait un portrait de Rivas, avec la mention : « il suo amico fece. Roma 1845 ». Cet album comprenait : *La Catedral de Sevilla*, *El Otoño*, et un *Soneto* en l'honneur de l'anniversaire (en 1838) de la Reine Régente.

Le recueil de 1851 est beaucoup plus riche. Il fait partie d'un volume que M. Bertrand, directeur de l'Institut français de Barcelona, a bien voulu examiner pour moi à la Bibliothèque Arus. La 1re page de ce volume porte :

« Ediciones populares de los libros antiguos y modernos mas leidos en Europa, enriquecidos con profusion de grabados. — Biblioteca Universal publicada bajo la direccion de D. Angel Fernandez de los Rios. — Tomo I. — Contiene las obras siguientes, que en ediciones comunes forman veinte volumenes. — El camino más corto. — Pablo y Virginia. — Viaje sentimental. — Jarilla. — El marqués de Letorière. — Gerónimo Paturot. — Pan y toros. — Consejos de Franklin. — Los hermanos de la Costa. — El reinado de las musas. Jéssica la judía. — La Hija del sol. — El crepúsculo de la tarde. — Madrid, imprenta del Semanario Pintoresco Español y de la Ilustracion, a cargo de D. G. Alhambra, Jacometrezo, 26. — 1851. »

Dans ce recueil, chaque ouvrage a sa pagination. La partie qui revient à Rivas comprend 51 pages. *El Crepúsculo de la tarde* occupe les ps. 1 à 28; La Azucena Milagrosa, le reste. 14 dessins de Vicente Urrabieta (cf. [**78**]), gravés par Coderch, Vierge, etc., illustrent le texte, qui comprend :

P. 1 : La mention « Biblioteca universal ». — Occupant le milieu de la page, une « Vista de la Catedral de Sevilla ». De part et d'autre de cette vue, la dédicace à Galiano (cf. Append. x). Datée de « Napóles, 12 de Enero de 1849 ».

*Nº 1, p. 2 : La Catedral de Sevilla (Sevilla 1837).

Nº 2, p. 3 : El Otoño. — Réimprimé par M. Bonilla dans son *Parnaso...*, t. III, p. 101.

Nº 3, p. 3 : Soneto leido en el Liceo de Sevilla la noche del 21 de Julio de 1838...

*Nº 4, p. 3 : A un arroyo.

Nº 5, p. 4 : El canto del ruiseñor.

Nº 6, p. 4 : Versos escritos en un album.

Nº 7, p. 4 : Enviando un ramo de flores a una dama.

*Nº 8, p. 4 : La Cancela.

*Nº 9, p. 5 : A la estrellas (En note : Esta composicion y las otras cinco que llevan la misma señal [un astérisque] no pertenecen verdaderamente á esta coleccion; pues están escritas en otros tiempos y ya publicadas. Pero por complacer á algunos amigos que deseaban verlas reimpresas, se incluyen en esta publicacion).

*Nº 10, p. 5 : Cristóbal Colón.

Nº 11, p. 6 : Lamentacion, fragmentos (5 fragments datés de « Sevilla 1840 »).

Nº 12, p. 6 : Versos escritos en un álbum.

*Nº 13, p. 7 : A la Adelfa (Córdoba 1820).

Nº 14, p. 7 : Un padre.

Nº 15, p. 8 : La primera vez que vi a M. B.

Nº 16, p. 8 : A la Reina Nuestra Señora ; Versos escritos en un álbum que regaló á S. M. el Liceo de Madrid la noche del 15 de Dic. de 1843.

*Nº 17, p. 8 : El Faro de Malta (Malta 1828).

Nº 18, p. 9 : La Maledicencia.

Nº 19, p. 9 : El sol poniente. (Nápoles, 1844).

Nº 20, p. 10 : Soneto : « Detesta Pero-Anton... ».

*Nº 21, p. 10 : El Sueño del proscrito (Londres 1824).

Nº 22, p. 10 : Una noche de verano en el golfo de Nápoles (junio de 1845).

Nº 23, p. 11 : No hay reparacion.

Nº 24, p. 12 : Versos escritos en el album P. A.

Nº 25, p. 12 : Soneto. Contra los elegios desmedidos que hoy con tanta facilidad se prodigan.

Nº 26, p. 12 : Una declaracion.

Nº 27, p. 12 : Lucía.

*Nº 28, p. 13 : A mi hijo Gonzalo, de edad de cinco meses.

Nº 29, p. 13 : Meditacion. Al insigne poeta napolitano, el Señor Giuseppe Campagna (Nápoles, 1844).

Nº 30, p. 14 : Retractaciones. Al mismo.

Nº 31, p. 15 : Un gran tormento.

Nº 32, p. 16 : La aparicion de la Mergelia (sic) (Nápoles, 1844).

Nº 33, p. 17 : Desconsuelo (Nápoles, 1845).

Nº 34, p. 17 : A Lucianela, Soneto I (1847).
*Nº 35, p. 18 : Las Siemprevivas.
Nº 36, p. 18 : A Lucianela, Soneto II (Nápoles, 1847).
Nº 37, p. 18 : A D. José Zorrilla, contestación á los lindos versos que publicó en el Heraldo de 30 de Julio de 1844 (Nápoles, 1844).
Nº 38, p. 19 : Lucianela, soneto III (Nápoles, 1847).
Nº 39, p 19 : Fantasía Nocturna (Nápoles, 1846).
Nº 40, p. 20 : La vejez (Nápoles, 1847). Reproduit dans le Florilegio, de Valera, II, 202-210).
Nº 41, p. 22 : El campo (Castellamare, Julio de 1846).
Nº 42, p. 23 : Elvira... Nápoles, 17 de Junio de 1845).
Nº 43, p. 25 : Epístola... (1848).

Au total, 43 compositions, distribuées sans aucun ordre, inédites pour la plupart, sauf les nºˢ 9, 17, 21, 28, parus avec *El Moro* en 1834, les nºˢ 13 et 35 parus dans l'éd. des *Poesías* de 1820-1821, et les nºˢ 1, 4, 8 et 10 déjà parus dans les revues. Rivas ne marque d'un astérique que les 6 premières.

Après ces pièces vient (ps. 29-51) *La Azucena Milagrosa* (Nápoles, 1847).

L'exemplaire que M. E. Allison Peers décrit dans son *Rivas : a critical study*, p. 564, semble n'être qu'un tirage à part de la Biblioteca Universal.

[137] 1853. — DISCURSOS *leidos en sesion pública de la Real Academia de la historia, en la recepcion del Excmo Sr Duque de Rivas, el dia 24 de abril de 1853. — Madrid, imp. de A. Espinosa y Cía. 1853. — in-8º.* — B. N. P. Od. 54.

[138] 1854. — DOS SICILIAS.

Publié dans le t. III, ps. 609-670 d'une luxueuse collection : « Reyes contemporáneos, Compendio histórico-filosófico de todas las monarquías », Madrid, 1854.

Au t. V de l'éd. de 1854-1855, et à la p. 458, cet essai est daté de « Madrid, Julio de 1855 ».

[139] 1856. — PRÓLOGO.

Écrit à Madrid le 5 mai 1856 pour « La familia de Alvareda, novela original de costumbres populares, por Fernán Caballero. Madrid, 1856. Establecimiento tipográfico de Mellado. » 1 vol. in-8º de 194 ps. Les ps. V, VI, VII et VIII sont occupées par le prologue de Rivas qui commence ainsi : « Cuando el aluvion de novelas extrangeras... »

[140] 1857. — DISCURSO *leído por el Duque de Rivas, con motivo de la distribucion de premios á los agraciados en la Exposición de Bellas Artes de 1856. Madrid. Imp. Nac. 1857.* (Cf. Catálogo de la Biblioteca del Congreso.)

[141] 1857. — PRÓLOGO.

Daté de « Madrid, 1º de Nov. de 1855 », publié aux ps. v à XVIII des « Obras poéticas del Excmo Señor D. Bernardino Fernández de Valesco, Duque de Frías, publicadas á expensas de sus herederos por la Real Academia, de que fué individuo. Madrid, Rivadeneyra, 1857 ». 1 vol. in-4º de LIII-366 pages.

Le prologue débute par : « En todos los paises, y particularmente en el nuestro... »

[142] 1860. — DISCURSO.

Ce discours fut prononcé par Rivas, directeur de l'Académie espagnole, le 15 mai 1860, en réponse à celui que prononça D. Cándido Nocedal, reçu académicien, sur le thème : « Observaciones sobre la novela ». La réponse de Rivas occupe les ps. 405 417 du t. II des « Discursos leídos en las recepciones públicas que ha celebrado desde 1847 la Real Academia Española. Madrid, imprenta Nacional 1860 ».

[143] 1874. — ALGUNAS POESIAS FAMILIARES.

Parues dans l' « Album poético español, con composiciones inéditas de los señores marqués de Molins [...etc...] y Duque de Rivas. — Publícalo la empresa de la ilustracion española y americana y de la moda elegante ilustrada para obsequiar á sus suscritores en el presente año. — Madrid. A. de Carlos é hijo, editores, — 1873 ». — 1 vol. in-8º de XXXIII-389 ps.

P. 377 : Rivas : *Algunas poesias familiares*... Elles occupent les ps. 377 à 386.

La brève pièce *A mi esposa* : « Flores, azucares, oro... » a été publiée dans Esc. Cast. I, 75, avec la date de « Malta 1829 ». D'après Madame la marquise de Heredia, elle aurait été écrite à Paris (1830-1833?).

P. 378. *Al Sr. D. Salustiano de Olózaga, que le pedía versos para el álbum de su hija :*

Si hoy á la voz de la amistad no cedo,
Es porque el peso de la edad me abruma :
Perdona mi silencio ; ya no puedo
Mover el pensamiento ni la pluma.

(Ce sont vraisemblablement les derniers vers sortis de la plume de Rivas).

P. 378. *A Dido abandonada. Soneto.* (Improvisé à Paris, dans un cercle d'émigrés illustres : Galiano, J. M. Ferrer, Martínez de la Rosa. C'est un sonnet à bouts-rimés).

Mas bella que la flor del... Tamarindo
(Antes que se inventara el ...almanaque),
Luciste, ¡oh Reina! tu gallardo... empaque,
Que tanto ha dado que decir al ...Pindo.

Si solo de pensar en tí me ...rindo,
¿Qué es de extrañar que el otro .. badulaque,
Que huyó con tiempo del troyano... ataque,
Quedase, al verte, convertido en... guindo?

Ay! su pasion fué tiro de... escopeta,
Que te hundió en sempiterno... purgatorio,
Gozándote y huyendo con vil... treta.

Fué falsa su pasión como ...abolorio,
Niño impotente el que juzgaste... atleta,
Y tu tálamo lecho... mortuorio

[144] 1875. — a) Caso de Conciencia. *Diálogos entre el Duque de Rivas y D. Antonio Alcalá Galiano.* — b) Décima *hecha á Duo Después de haber pasado una noche hablando de Mocedades.*

Les 2 pièces occupent respectivement les ps. 5-11 et 12 du « Cancionero moderno |de| Cosas Alegres. — London, H. W. Spiritual. Picadilly, 87. — W. — 1875 ». — Ce sont deux dialogues, en vers octosyllabiques, entre « Duque » et « Alcalá Galiano » le premier, entre « Duque » et « Galiano » le deuxième. Celui-ci est très bref. — Le premier, d'un caractère pornographique très marqué, est formé de dix dizains octosyllabiques. Dans chaque dizain impair, Rivas expose à son ami un cas de conscience; dans chaque dizain pair, Galiano répond à son interlocuteur. Cette parodie de la religion est extrêmement irrévérencieuse et serait de nature à éclairer ceux qui s'obstinent à rechercher en Rivas le croyant. Il est à remarquer que Rivas, au moment où il écrivait ces dizains, peut-être en collaboration avec Galiano, était duc; la pièce est donc postérieure à mai 1834. A remarquer en outre que Rivas et Galiano, malgré le ton fort intime des vers, ne se tutoient pas. — Ce « cancionero » contient des poésies de Miguel de los Santos Alvarez, Bretón de los Herreros, Espronceda, Gallardo, Gallego, García Gutierrez, Góngora, Quevedo, Vargas Ponce, etc..., et surtout de Ventura de la Vega, qui y figure avec 20 ps. — La Bibliothèque de la ville de Versailles (fonds Morel-Fatio) possède un exemplaire de ce volume assez rare, que je n'ai retrouvé que dans la bibliothèque d'un grand d'Espagne à Madrid.

III. Collections dites d'œuvres complètes

Par trois fois, en 1854-1855, en 1884-1885, en 1894-1904, les écrits de Rivas ont été réunis en collections dites « obras completas ». Aucune ne mérite le titre. La seconde est faite sur le modèle de la première. La troisième diffère des deux autres.

[145] 1854-1855 — OBRAS COMPLETAS / *de / D. Angel de Saavedra, / Duque de Rivas, de la Real Academia Española, / corregidas por el mismo... Madrid, imprenta de la Biblioteca Nueva, calle de las Infantas, núm. 17.*

Ce titre, commun aux cinq volumes in-4°, est encadré de motifs qui évoquent l'antiquité païenne, la civilisation arabe et le moyen-âge chrétien. Il est complété par des indications qui varient avec chaque volume :

Tomo I. — POESIAS SUELTAS Y POEMAS CORTOS... 1854, CV-457 ps. :

P. II : Portrait de Rivas ; au-dessous, ses armes, surmontées d'une banderole : « Padecer por vivir » ; au-dessous, la signature en fac-similé : « El Duque de Rivas ». — Ps. V à LI : Prólogo. (C'est celui de Cañete.) — Ps. LII à C : Vida del autor... por... D. Nicomedes Pastor Díaz, hasta el año de 1842. — Ps. C à CV : Un supplément à la biographie, jusqu'en 1852 (signé M... ; c'est ce que nous voyons signé E. [de Saavedra] dans la 3e collection). — Ps. 1 à 452 inclus : Texte des poésies. – Ps. 453 à 456 : table. — P. 457 : errata.

Les poésies publiées sont au nombre de 110, dont 6 inédites. Les autres avaient été publiées :

1° en 1814, les nos 15, et 18 à 30 inclus de **[85]** ;

2° en 1820, les nos 1 à 7, et 17, 18 et 19 de **[89]** ;

3° en 1824, le n° **[92]** ;

4° en 1830, le n° **[94]** ;

5° en 1834, les pièces C, D, E, F, G, de **[96]** ;

6° en 1851, les pièces contenues dans *El Crepúsculo de la tarde* **[136]**, sauf celles marquées d'un astérique, qui avaient paru auparavant.

Les pièces inédites sont :

1. La asonada (Sevilla, 1840) ; 2. Soneto : Receta segura (s. d.) ; 3. Soneto : Un buen consejo (s. d.) ; 4. Soneto : Un amigo (s. d.) ; 5. Soneto : Al nacimiento de S. A. R. la augusta princesa de Asturias (1852) ; 6. Soneto : Al bautismo de S. A. R. la augusta princesa de Asturias (1852).

En somme, peu d'inédit : les nos 5 et 6, de fraîche date ; les 4 premiers — vraisemblablement d'une même époque — écartés par Rivas du *Crepúsculo de la tarde* en raison de leur caractère politique. Rivas laisse délibérément en dehors de ce premier grand recueil un certain nombre de pièces de jeunesse, publiées en 1814 ou en 1820.

L'ordre adopté est l'ordre de la composition, avec quelques erreurs de date dues à l'auteur. A la place que leur assigne la chronologie, il insère *El Paso honroso* (1812) et *Florinda* (1826).

[146] Tomo II. — El Moro expósito, *ó Córdoba y Burgos en el siglo décimo. Leyenda en doce romances. Segunda edicion... 1854*. xxiv-455 ps.

P. ii : « Se publicó esta obra por primera vez en Paris, año 1834, por Salvá ». Nous savons que l'éd. de 1854 était au moins la 4e. Ps. v et vi : Dédicace à J. H. Frere. — Ps. vii-xxiii : Prólogo de la edición de París escrito á nombre del autor por el Excmo Señor D. Antonio Alcalá Galiano. — Ps. xxiv : Citation de J. B. Garelle. — Ps. 1-451 : Texte des romances; chacun est suivi de ses notes. — P. 453 : Indice... — P. 455 : Errata.

[147] Tomo III. — Romances históricos y leyendas... 1854, xx-517 ps.

P. iii : *Romances históricos. Segunda edición.* (Ici encore Rivas compte mal. Nous en avons compté trois antérieures à celle-ci). — P. iv : Rivas indique : « Obra publicada por la primera vez en Madrid por Lalama, año de 1840 ». Rivas veut-il dire que Lalama travaillait à son édition en 1840? Elle fut mise en vente dès le début de 1841, mais je n'en ai vu aucune qui portât la date de 1840. — Ps. v-xx : Prólogo del autor. — Ps. 1-330 : Texte des *Romances históricos*. — Ils sont rangés selon l'ordre chronologique des faits qu'ils racontent. — P. 331 : *Leyendas*. — Ps. 333-337 : Prólogo. — Signé : « Eugenio de Ochoa. — Mayo de 1854 ». — Ps. 339-423 : Leyenda primera : *La Azucena, Milagrosa.* Dedicada á D. José Zorrilla. — Datée de « Nápoles, Diciembre 1847 ». — Rivas a ajouté (p. 423) une « Nota del Editor » pour revendiquer la propriété et l'originalité de son œuvre, et mettre en garde le lecteur contre « La guirnalda misteriosa » et autres contrefaçons. Cette note figure aussi dans l'éd. de 1884-1885 et celle des Esc. Cast. — La légende avait été déjà publiée dans « El Crepúsculo de la tarde ». — Ps. 425-490 : Leyenda segunda. — *Maldonado.* A la Excma Señora Marquesa de Molins. — Datée de « Madrid, 1852 ». — Ps. 491-509 : Leyenda tercera. — *El Aniversario.* A mi hijo Enrique. — Datée de « Madrid, Mayo de 1854 ». — P. 511 : Indice de las composiciones que contiene este tomo. (On y lit « Parricidio » au lieu de « fratricidio ».) — Ps. 513-516 : Indice de los Romances y partes de cada composicion. (Ici, il y a bien « fratricidio ».) — P. 517 : Errata.

[148] Tomo IV. — Teatro... 1855, vii-527 ps.

Ps. v-vii : Advertencia. — On reproduit, en manière de prologue, une lettre de Joaquín Francisco Pacheco, datée de « Madrid, 10 de Febrero de 1855 ».

Pages 11-112 : *Tanto vales cuanto tienes...* — Daté de « Malta, año de 1827 ». — Contre cette date, cf. no [45].

Ps. 113-189 : *Don Alvaro, ó la fuerza del sino...* Dédié « Al Excmo Sr. D. Antonio Alcalá Galiano en prueba de constante y leal amistad en próspera y adversa fortuna ... ». Cette brève dédicace a remplacé celle, plus longue et plus intéressante, qui précède le texte de l'éd. de 1835. — Le drame est daté de « Madrid, año de 1835 ».

Ps. 191-270 : *Solaces de un prisionero, ó tres noches de Madrid*... — P. 192 : l'Advertencia qui se trouve dans toutes les éditions de cette pièce. — Datée de « Sevilla, Setiembre de 1840 ». — Cf. n° [50].

Ps. 271-355 : *La morisca de Alajuar* (sic)... — Datée de « Sevilla, 1841 ».

Ps. 357-440 : *El Crisol de la lealtad*... — Dédié « Al Ilustrísimo Sr. D. Juan Nicasio Gallego : en testimonio de antigua constante y respetuosa amistad ». Datée de « Sevilla 1842 ».

Ps. 441-524 : *El Desengaño en un sueño*... — Dédié « A mi hijo Enrique » Daté de « Sevilla, 1842 ».

Ps. 525-526 : Indice. — Cet index est suivi d'une longue note où Rivas énumère les pièces qu'il n'a pas cru devoir insérer dans ce recueil. Il indique la date et le lieu où il les composa, où elles furent imprimées, représentées. A propos de chacune de ces pièces, j'ai reproduit ces indications de l'auteur, en les rectifiant et les complétant toutes les fois qu'il était nécessaire et possible de le faire. — P. 527 : Errata.

[149] Tomo V. — Prosas... 1855, xxv-459 ps.

Ps. vii-xv : Prólogo de Juan Eugenio Hartzenbusch, « Madrid, 9 de Junio de 1855 ». — P. xvii : *Sublevacion de Nápoles*..., dédiée (p. xviii) « Al Excelentísimo Señor Don Francisco Javier de Istúriz, Senador del Reino, etc. Como testimonio de fina y constante amistad en prósperas y adversas fortunas... ». — Ps. xix-xxii : Prólogo del autor. — Ps. xxiii-xxv : Introduccion.

Ps. 27-298 : Texte de la *Sublevación de Nápoles*. Datée de « Nápoles, año 1847 ».

Ps. 299-311 : *Viaje al Vesubio*. (Nápoles, 1844.)

Ps. 312-327 : *Viaje á las ruinas de Pesto*. (Nápoles, 30 de Mayo de 1844.)

Ps. 328-336 : *Los Hércules*. (Sevilla, año 1838.)

Ps. 337-345 : *El Hospedador de provincia*. (Madrid, 1839.)

Ps. 346-356 : *El Ventero*. (Madrid, 1839.)

Ps. 357-364 : *Discurso* leido en la junta pública que celebró la Real Sociedad Patriótica de Córdoba el día 30 de Mayo de 1819.

Ps. 365-371 : *Discurso de recepción* leído en la Real Academia Española la tarde del 29 de Octubre de 1834. (Rivas dut lire son discours le jeudi 30, le jeudi étant consacré aux séances et solennités académiques). Le sujet en est l'éloge de la langue espagnole.

Ps. 372-380 : *Discurso de recepcion* leído en la Real Academia de la Historia el dia 24 de Abril de 1853. — Sujet : « Sobre la utilidad é importancia del estudio de la historia y sobre el acierto con que la promueve la Academia ». A paru dans l'éd. de 1854-1855, puis dans « Discursos leidos en las sesiones públicas, que para dar posesion de plazas de número ha celebrado desde 1852 la Real Academia de la Historia. — Madrid, 1858 ».

Ps. 381-459 : *Breve reseña de la Historia del Reino de las Dos Sicilias.* — Daté de « Madrid, Julio de 1855 ».

L'édition de 1854-1855 se vendit assez bien pour que l'impitoyable Padre Cobos, dans son n° 4, du 15 oct. 1855, pût écrire : « AVISO IMPORTANTE : — No se anuncian las obras de los Excelentísimos Sres D. Manuel José Quintana y Duque de Rivas, porque, sin necesidad de anuncios se venden unas y otras como pan bendito »

[150] 1884-1885. — Obras completas *de D. Angel de Saavedra, Duque de Rivas, de la Real Academia española. — Ilustradas con dibujos de D. Apeles Mestres. — Tomo primero.* [Armes d'Espagne]. — *Barcelona. — Montaner y Simon, editores. — Calle de Aragón, números 309 y 311, 1884.*

L'ouvrage comprend deux volumes in-4° ; les vers sont imprimés sur deux colonnes, la prose sur trois. Le texte de la prose est imprimé si menu que la lecture en est difficile. Les vers sont très aisés à lire. L'édition, dépourvue de valeur critique, suit celle de 1854-1855 ; elle renferme très peu d'additions.

Le tome I a XVIII-430 ps. — Ps. I-VIII : Prólogo. — Signé : Manuel Cañete. — Ps. IX-XVIII : Vida del autor... (par N. Pastor Díaz). — Ps 1-214 : *Poesías sueltas y poemas cortos.* — Avec le *Paso Honroso* et la *Florinda* à leur rang de dates. Aux poésies contenues dans l'édit. de 1854-1855, celle de 1884 n'ajoute que « La Nochebuena en París y en Madrid en el año 1857. — Romance dedicado á la tertulia literaria de los Excmos Sres. Marqueses de Molins ». — Ps. 215-428 : *El Moro Expósito* (avec la dédicace à J. H. Frere et la citation de Garette, mais sans le Prologue écrit par Alcalá Galiano). — Ps. 429-430 : Indice. — Ce tome I est accompagné, hors-texte, d'un portrait de Rivas, peint par Madrazo et gravé par Maura.

[151] *Tomo segundo.* — Le t. II est illustré « con dibujos de D. Apeles Mestres y de D. J. Luis Pellicer ». — La date : 1885. — 528 ps — Ps. 1-140 : *Romances históricos.* — Rangés dans le même ordre que dans les éditions antérieures, et précédés du « Prólogo » écrit par Rivas. — Ps. 141-214 : Leyendas. — (P. 141 : *La Azucena milagrosa.* — P. 175 : *Maldonado.* — P. 205 : *El Aniversario.* — L'éditeur ne reproduit pas le prologue d'Ochoa). — Ps. 215-458 : *Teatro* : (p. 215 : *Tanto vales...* — P. 262 : *D. Alvaro...* — P. 301 : *Solaces...* — P. 338 : *La Morisca...* — P. 378 : *El Crisol...* — P. 418 : *El Desengaño...*). — (L'éditeur ne reproduit pas la lettre-prologue de Pacheco). — Ps. 459-527 : *Prosas* (sans le prologue d'Hartzenbusch). *Sublevacion...* — P. 501 : *Viaje al Vesubio.* — P. 503 : *Viaje á las ruinas de Pesto.* — P. 506 : *Los Hércules.* — P. 507 : *El hospedador de provincia.* — P. 509 : *El Ventero.* — P. 511 : *Discurso...* Sociedad patriótica de Córdoba... — P. 512 : *Discurso...* R. Academia Española..

— P. 513 : *Discurso*... R. Academia Historia... — P. 515 : *Breve reseña... Dos Sicilias*...). — P. 528 : Indice...

[152] 1894-1904. — *Colección de Escritores Castellanos. — Líricos. —* Obras completas *de D. Angel de Saavedra, Duque de Rivas. — Director que fué de la Real Academia Española, presidente de la de Bellas Artes de San Fernando é Individuo de número de la Historia. — Coleccionadas de nuevo por su hijo D. Enrique R. de Saavedra, Duque de Rivas. — Tomo I. — Prólogo. — Biografía. — Poesias varias. — El Paso honroso poema caballeresco. —* [Vignette]. — *Madrid. — Est. tipográfico « Sucesores de Rivadeneyra ». — Paseo de San Vicente, 20. — 1894.*

Cette édition comprend 7 vol. in-8°, sans illustrations (seul le t. I a un portrait hors texte de Rivas par B. Maura). D'un mot, si on la compare à celle de 1854-1855, on peut la caractériser ainsi : elle est moins complète, en ce sens qu'elle ne renferme aucune œuvre en prose; quant à l'œuvre poétique elle-même, on est surpris que le fils de l'auteur ait réimprimé *Lanuza* et *Arias Gonzalo*, et qu'il ait négligé *El Desengaño*... En fait, on doit considérer l'édition comme inachevée; au cours des dix années qu'a duré la publication des sept volumes, les desseins de l'éditeur ont varié ; il projetait de donner *El Parador de Bailén*, des discours académiques et les meilleures harangues politiques; il avait, par contre, décidé de supprimer deux prologues, et parmi eux celui qu'Alcalá Galiano écrivit pour *El Moro*... En réalité, voici le contenu exact de cette édition, dont par ailleurs le texte, s'il n'est pas encore parfait, marque un sérieux progrès sur celui des collections précédentes :

Tomo I. — Poesías. — Achevé d'imprimer le 3-VII-1894. XXXII-486 ps. — Ps. VII-XXXII : Prólogo. — E. (Enrique de Saavedra) indique la conception de la présente édition et apprécie rapidement l'œuvre de son père. — Ps. 1-86 : Vida del autor par N. Pastor Díaz). — Ps. 87-141 : Reseña biográfica del Duque de Rivas desde 1842 hasta 1865. — Signée et datée : « E... Paris, Diciembre de 1872 » — Ps. 143 154 : Notas póstumas. — Rédigées par « E... Madrid, Febrero de 1890 ». Il y est question de la représentation de *El Desengaño*..., des reprises de *Don Alvaro*, d'hommages rendus à la mémoire de Rivas, et d'éditions posthumes de son œuvre. — Ps. 155-180 : Apéndices. I : poésies dédiées à Rivas par Galiano, Bretón de los Herreros; II : par Zorrilla; III : Texte d'une motion en faveur de l'érection d'un monument à Rivas; IV : Texte du panégyrique de Rivas prononcé par son fils à Córdoba en 1886. — Ps. 181-395 : *Poesias*. — Elles vont jusqu'à l'an 1819 inclus. — Ps. 397-482 : *El Paso honroso*. — Ps. 483-486 : Indice...

[153] Tomo II. — Poesías. — Achevé d'imprimer le 17-IV-1897. 497 ps. — ps. 7-361 : Poesías. — 4 d'entre elles ne figuraient pas dans l'éd. de 1884-1885 :

1° A mi esposa : Flores, azúcares, oro...

2° Trozos de dos epístolas á D. Leopoldo Augusto de Cueto...

3° Epístola á D. Leopoldo Augusto de Cueto, contestándole á una suya de Copenhague.

4° Del Romancero de la guerra de Africa.

Romance II. — Ps. 361-491 : *Florinda*. — Ps. 493-497 : Indice ..

[154] Tomo III. — El Moro Expósito. — Achevé d'imprimer le 18-VI-1897. xxxv-547 ps. — Ps. vii-xxxv : Dédicace à J. H. Frere et Prologue de Galiano (supprime la citation de Garelte. — Ps. 1-546 : Texte de *El Moro Expósito*. — P. 547 : Indice.

[155] Tomo IV. — Romances Históricos. — Achevé d'imprimer le 31-X 1898. — xxix-442 ps. — Ps. vii-xxix : Prólogo de Rivas. — Ps. 1-438 : Texte des Romances. — Ps. 439-442 : Indice de los Romances y partes de cada composicion.

[156] Tomo V. — Tragedias y leyendas. — Achevé d'imprimer le 27-VII-1900. 428 ps. — Ps. 7-96 : *Arias Gonzalo;* daté de « Malta, año de 1827. — Ps. 97-201 : *Lanuza;* daté de « 1822 ». — Ps. 203-426 : Leyendas ; ps. 205 : Prólogo (d'Ochoa) ; p. 213 : *La azucena milagrosa;* p. 321 : *Maldonado*; p. 402 : *El aniversario*. — Ps. 427-428 : Indice.

[157] Tomo VI. — Dramas y comedias. — Achevé d'imprimer le 15-III-1902, — ix-403 ps. — Ps. vii-ix : Advertencia (prólogo de Pacheco). Ps. 11-228 : *Tanto vales cuanto tienes*. — Ps. 229-401 : *Don Alvaro ó la fuerza del sino*. — P. 403 : Indice.

[158 Tomo VII. — Dramas y comedias. — Achevé d'imprimer le 19-X-1904. — 507 ps. — Ps. 7-167 : *Solaces de un prisionero...* — Ps. 169-338 : *La morisca de Alajuar*. — Ps. 339-505 : *El Crisol de la Lealtad*. — P. 507 : Indice.

IV. Traductions

J'indique les traductions que j'ai vues, où dont j'ai eu des nouvelles précises, en suivant leur ordre de parution. Le lecteur ne peut manquer de s'apercevoir que les n^os [165], [166], [167], [168], etc., sont des traductions françaises; les n^os [160], [161], [162], [163], [164], des traductions italiennes; et le n° [159], une traduction anglaise.

[159] 1824. — El Desterrado.

« Ocios de emigrados españoles », Londres, n° 8, novembre 1824, p. 384. On annonce qu'on a reçu un échantillon de la traduction de M. B. Read de l'ode excellente de A. de S.; on ne le publie pas faute d'espace : « Lo haremos en el siguiente [número] con el mayor gusto; siéndonos muy lisongero que nuestros ocios merezcan el aprecio de los cultos ingleses, como han logrado el de los cultos alemanes »

N° 9, décembre 1824. « Tenemos la satisfaccion de anunciar que el Sr. B. Read, literato inglés, ha traducido al idioma británico la oda del *Desterrado* escrita por A. S. é inserta en el folio 60, número 5°, tomo segundo, y que se propone publicarla á la mayor brevedad. Insertamos una muestra de esta version como lo ofrecimos en el número anterior ». « Extract from a translation of el Desterrado of Don A. de S. — by B. Read. 1er vers : Ungrate ful Country : from thy boson torn... dernier vers : His tears to joy, such joys, as make the Patriot burn... » [C'est le passage (Esc. Cast. II, 44-45) où Rivas rappelle à son ingrate patrie qu'il a un jour versé pour elle son sang].

Le « Diario de Comercio » ou « Mensagero de las Cortes », dit de *El Desterrado*, dans son n° 33 du 16 juin 1834 : « La aceptacion que mereció en Inglaterra fué tan grande que se hicieron de ella varias traducciones, no siendo la de menos mérito la de una señorita inglesa de la primera nobleza de aquel ilustrado y generoso pais ».

[160] 1844. — Un' anticaglia di Siviglia; *romanzo storico di Don Angel di Saavedra, Duca di Rivas. Traduzione libera del C. Bartolommeo Secco Suardo, Milano, 1844.*

Je n'ai pas vu cet exemplaire, que je cite d'après M. Allison Peers. Mais j'ai pu copier chez M. Anduaga quelques fragments d'une intéressante lettre du C. B. Secco Suardo, qui semble indiquer qu'il traduisit la trilogie du roi Don Pedro.

« Al Egregio Sigr Duca. — Bergamo di 11 giugno 1844 : [Le Duc l'a remercié, par l'intermédiaire de Giacomo Visconti, d'avoir traduit] sua bellissima Romanza : Un anticaglia di Siviglia... Ora sono presso a dar termine alla vulgata dell' Alcazar di Siviglia... Sortira in Settembre prossimo nella nostra accreditata Strenna Italiana... Mi applicherò a tradurre anco il terzo romanzo : Il Fratricidio, e così avrò compito un brano della Biografia di Pietro il Crudele... [Il fera des trois romances un élégant petit volume et demandera au duc d en accepter la dédicace] ».

[161] 1844. — Il Moro Esposto... *Versione dallo spagnuolo Napoli... 1844.*

1 vol. in-8° de 384 ps. — (B. N. M.). Trad. en prose mêlée de vers aux mètres variés. Quelques notes ajoutées par le traducteur

expliquent : « ricos hombres, alcuzcuz, etc. . . ». — P. 1 : Il Moro exposto o Cordova e Burgos nel secolo decimo leggenda in dodic romanze dell' eccelentissimo D. Angelo de Saavedra, Duca di Rivas, ministro plenipotenziaro di S. M. Cattolica la regina Isabela II[a] presso la corte di Napoli versione dallo spagnuolo di Francesco Gomez de Teran y Negrete de' marchesi di Portago con note. — Napoli. Dalla stampa del genio tipografico. — 1844. — P. 2 : Facsimilé de la signature « Téran ». — P. 3 : Prefazione : Le traducteur veut donner une idée des progrès réalisés par la moderne littérature espagnole. Le Moro est une des œuvres les plus saillantes des vingt dernières années, une œuvre « de maggior interesse, già conosciuta e tenuta in pregio dalla dotta Europa. Una delle prime che nel paese del Cervantes ha dato impulso novello alla sua moderna scuola di poesia, togliendola dall' angusta sfera poco nazionale in cui trovavasi impegnata fin dal principio del passato secolo, e che la spinse di bel nuovo per aquello della originalità e della imitazione non già di altri ma della natura, quale si presenta a fervida immaginazione, ed a genio ardente. » — P. 7 : La traduction commence.

[162] 1846. — ROMANZI STORICI... *Versione dallo spagnuolo... Napoli... 1846.*

1 vol. in-8° de 192 ps. — Traduction en prose, mêlée parfois de vers.

P. : *Romanzi storici / dell' eccellentissimo / D. Angelo de Saavedra / Duca di Rivas / Ministro plenipotenziario di S. M. Cattolica / la regina Isabella II a presso la Corte / di Napoli. / Prima versione dallo spagnuolo / di / Francesco Gomez de Teran y Negrete / de' marchesi di Portago / con note. — Napoli. — Dalla tipografia di Domenico Capasso / Vico S. Girolamo a B. Giovanni Maggiore, n° 2, 1° p. — 1846.*

P. 3 : Il traduttore : [il constate] « Il plauso universale che han riportato ovunque y bei letterarii lavori di Angelo de S. Duca di R., oggimai riconosciuto pel primo Poeta vivente che vanto la Spagna. . . » Il veut seulement « manifestar la gratitudin nostra al dotto pubblico di codesta Penisola, che nel far eco alle lodi di oltremonti, ha pur dato opra a render vieppiù glorioso il nome del Saavedra accogliendone con generosa avidità il Romanzo del Moro Esposto, e col gradirne poi benignamente la traduzione ».

[163] 1848. — D. ALVARO... *Versione dallo spagnuolo... 1848.*

Figure dans un vol. in-8°, constitué par deux opuscules à pagination distincte. Le titre général est :

Teatro moderno spagnuolo ovvero Collana di produzioni teatrali di moderni autori spagnuoli scelte e tradotte in idioma italiano da Francesco Gomez de Teran. — Napoli stabilimento tipografico dell' Ancora. — Largo S. Marcellino. N° 2, p° p°. — 1848.

Pages 7 sq.: Il Traduttore: [il dit] (p. 8): « Ora desiderando far conoscere alla culta Italia quali progressi abbia fatto l'arte dramatica in Ispagna in questi ultimi tempi, abbiamo impreso a tradurre talune produzioni di vari autori dramatici moderni spagnuoli, quasi tutti viventi, di cui daremo alcuni brevi cenni biografici; che ci lusingliamo non suranno discari ai lettori, poichè hanno figurato e figuranno tuttavia non solo come autori drammatici, ma ancora taluni fra di essi come uomini di stato e sommi politici in un grado eminentissimo nella Penisola La traducione del *Moro Esposto* e quella dei *Romanzi Storici* dell' ecc^mo Duca di Rivas che abbiamo già dato a luce, furon benignamente ricevute dal culto publico napolitano... »

Après avoir donné la traduction de *La Conjuracion de Venecia*, Gomez de Teran publie celle de *Don Alvaro*. Pagination nouvelle. Traduction en prose.

P. 1: II^a produzione. — *D. Alvaro o La Forza del Destino.* — Dramma in 5 atti. — P. 3: *D. Alvaro o la Forza del Destino.* — Dramma in 5 atti dell eccelentissimo Signor D. Angelo de Saavedra, Duca di Rivas, Ambasciat. di S. M. Cattol. Isab. II, Regina di Spagna presso la Corte di Napoli versione dallo spagnuolo di Francesco Gomez de Teran (etc..., cf. titre du recueil). — Cenni biografici di A. de S., D. de R. (Il suit N. Pastor Díaz). — P. 166: Fine del dramma.

Don Alvaro fournit le livret d'un opéra: La forza del destino, dont la musique est de Verdi. Il fut représenté à St-Pétersbourg en 1862, et à Madrid en 1863. — En 1863, les répétitions eurent lieu au théâtre de Oriente en janvier, sous la direction de Verdi, qui traversait Madrid pour se rendre en Andalousie. A son retour, il put assister à son triomphe. « Il n'a pu — dit A. de Latour (Etudes littéraires sur l'Espagne contemporaine, p. 355), — se dérober à une ovation éclatante; rappelé trois fois sur le Théâtre, il a dû s'y présenter, et ramasser de sa main je ne sais combien de couronnes lancées des stalles, tombées des avant-scènes, et de bouquets partis avec des bravos de tous les points de la salle... ». « El Museo Universal », dans son n° 9, du 1er mars, constate que « el teatro de Oriente se llena todas las noches para admirar esta produccion que bajo la direccion del maestro, ha sido superiormente, y como de mano maestra, ensayada. La música de esta ópera es profunda; necesita oirse muchas veces para ser bien apreciada. Necesita también cantantes de primer orden y de grande extensión de facultades. El maestro, llamado repetidas veces á la escena, ha recibido los justos aplausos de un público inteligente y entusiasta. La Lagrange está admirable. El pintor señor Ferri es llamado también para recibir el premio de su talento, mostrado en las bellas decoraciones de esta opera. La órquesta nada deja que desear ». Le succès dure encore le 29 mai.

[164] 1848? — [Trad. italienne de MASANIELLO?].

Je n'ai pu voir aucun exemplaire de cette traduction italienne, que le traducteur italien de *Don Alvaro* annonce en ces termes à la p. 11 de son prologue : « Storia, che già si è publicata in Madrid, e di cui fra non molto avremo la traduzione in italiano che darà al publico l'egregio scrittore signor Gatti ».

[165] 1849. — INSURRECTION DE NAPLES EN 1647.

« Etude historique de Don Angel de Saavedra, Duc de Rivas, Ambassadeur d'Espagne près de S. M. le Roi des Deux Siciles. Ouvrage traduit de l'espagnol et précédé d'une Introduction par M. le baron Léon d'Harvey de Saint Denis. Paris, Amyot, 1849, 2 vol. in-8° ».

[166] (? 1850). — [ROMANCES HISTORIQUES?]

Je n'ai vu mentionnée nulle part une traduction française dont parle Rivas, dans une lettre du 4 mai 1850 et adressée à Cueto : « La traduccion francesa de mis Romances es muy buena y exacta...» (Cité par Cueto dans sa « Carta al Señor Conde de Morphy » dans la « Ilustracion » du 15 Déc. 1875, p. 374 b).

[167] 1857. — LA VIE EN SONGE. — Drame fantastique en quatre actes et vingt et un tableaux.

Œuvre de G. Hugelmann ; publiée par la « Revue espagnole et portugaise », t. III (1857), p. 523-579. Le traducteur suit le drame dans ses grandes lignes, mais simplifie, abrège les indications scéniques et le texte même. Il mêle prose et vers. Il traduit en prose le monologue caldéronien de Lisardo (ps. 444-445 de l'éd. de 1854-1855, ps. 524-525 de la traduction) : « Est-ce vivre cela ! Est-ce vivre !... Que la fortune et la destinée soient maudites comme la science si cette île, qui m'a servi de berceau, doit un jour me servir de tombe... » Et voici un spécimen de la traduction en vers (p. 527) de l'invocation de Marcolán (p. 448 du texte espagnol) :

Esprits célestes, fiers génies,
Hôtes du séjour infernal,
Quittez les routes infinies,

Anges du bien, anges du mal,
Apparaissez soudain en rêve
A ce malheureux insensé. .

[168] 1860. — *Rivas de Saavedra* (don Angel Perez de Saavedra, duc de), poète lyrique, auteur dramatique et historien espagnol. — HISTOIRE DE MASANIELLO *et son rôle dans*

l'insurrection de Naples en 1647. Résumé d'un ouvrage de M. le Duc de Rivas, par Eugène Florence. In-18, 1860, J. Lainné. 1 franc.

(Cité par Lorenz, t. 4, p. 241 a.)

[169] (s. d.) H. Dietz : a) A SON FILS. — b) LA CASTILLE.

Dans : « Italie-Espagne », 1 vol. in-8° de VIII-552 pages, on trouve la traduction de :

a) A mi hijo Gonzalo... (p. 496). — b) Un passage du Moro expósito (p. 497), extrait du début du Romance VI.

[170] 1889. — *Boris de Tannenberg : La poésie castillane contemporaine.* — Paris, Perrin, 1889.

Publie quelques extraits.

[171] 1920. — *Américo Castro :* a) divers passages de *El Moro Expósito;* b) *Un Castillan loyal* et *Le Comte de Villamediana*, avec quelques coupures. Pages 31-78 de : LES ROMANTIQUES ESPAGNOLS (« Les Cent Chefs-d'œuvre étrangers »).

IIIe PARTIE

Ouvrages intéressant la vie et les œuvres de Rivas.

Dans cette liste ne sont compris ni les livres courants d'histoire (Lafuente, Altamira), ni les manuels d'histoire littéraire (E. Mérimée, J. Fitz-Maurice Kelly, Hurtado y Palencia, etc.), ni toutes les œuvres dont la lecture s'impose pour l'étude des sources de Rivas ou celle des origines françaises du romantisme espagnol.

[172] 1622. — ALONSO LÓPEZ DE HARO : *Nobiliario genealógico de los reyes y títulos de España. Compuesto por...* — [Ecusson]. Con Privilegio. En Madrid, por Luis Sanchez, Impressor Real. Año M.DC.XXII. — 2 vol. in-fol. de 600 et 532 ps.

[173] 1647. — JOSEPH PELLICER DE TOVAR : *Memorial de la casa y servicios de Don Joseph de Saavedra, marquès de Ribas,*

Al Rey Nuestro Señor. Escriviale Don Joseph Pellicer de Tovar, Cronista mayor de su majestad. [Armes.] En Madrid, Año de M.DC.XLVII.

1 vol. in-fol. de 92 feuillets numérotés, plus 4 non numérotés. (B.N.P. = On 44.) Quel que soit le peu de foi que l'on doive avoir en son auteur, il faut constater que ce mémoire a servi de base à tous les articles généalogiques écrits sur Rivas dans divers livres de blason.

[174] 1769. — Joseph Berní y Catalá : *Creacion, antiguedad y priuilegio de los titulos de Castilla, que escriue el D. D...* — En la Imprenta particular del Autor para sus obras. — Valencia 1769, in-fol. 522+XXVII ps.

[175] 1822. — ? — *Lanuza.*

Long C. R. publié dans *El Indicador...* du lundi 16 déc. 1822.

[176] 1822. — *Diario de las discusiones y actas de las Córtes. Diputacion general de los años 1822 y 1823. Legislatura de 1822.* Madrid en la imprenta nacional, año de 1822. (Tomes 49 et 50 du Diario de las Cortes.)

[177] 1822. — *Compendio de las sesiones de Cortes extraordinarias, en la legislatura del año 1822.* Barcelona, Imprenta de la viuda de Brusi, 1822, 2 vol. in-4°.

Rôle politique joué par Rivas ; genèse de *Lanuza.*

[178] 1822. — ? (Un ami de Rivas) : [Etude sur les *Poesias* de 1820-1821].

El Espectador du 12 déc. 1822. — Très favorable.

[179] 1823. — ? — *Lanuza.*

Long et intéressant C. R. non signé, paru dans *El Espectador* du jeudi 2 janvier 1823.

[180] 1828-1830. — Telesforo Trueba y Cosio : [*Œuvres*].

Certaines œuvres de Trueba présentent un grand intérêt pour l'étude de Rivas ; notons surtout :

A.) *Gomez Arias*, or the moors of the Alpujarras. A spanisch historical romance... in three volumes... London : Hurst, Chance and Co... 1828.

A') Traduit en espagnol par D. Mariano Moreno, Madrid, mars 1831 (Oficina de Moreno).

B.) *The Castilian...* In three volumes. – London : Henry Colburn, New Burlington street, 1829.

B') Traduit en français par Defauconpret. « Collection de romans espagnols. — *Le Castillan ou le Prince Noir en Espagne, roman historique espagnol,* par D. Telesforo de Trueba y Cosio, traduit par M. C.-A. Defauconpret. Tome premier. — Paris, Charles Gosselin, libraire de son altesse royale le duc de Bordeaux .. MDCCCXXIX. (La traduction complète forme 5 vol. in-8°, tous datés de 1829).

B") The Castillan a été traduit « librement » en 1845 en langue espagnole par D. J. S. S (Barcelona, Imprenta de D. Juan Oliveres, Editor). Cette traduction espagnole est faite d'après le texte français.

C.) *Life of Hernan Cortes.* By Don Telesforo de Trueba y Cosio. . Edinburgh : Printed for Constable and Co... 1829, 1 vol. in-8° de 344 ps L'avis au lecteur est du 30 nov. 1829.

D.) *History of the Conquest of Péru,* by the Spaniards... Edinburgh : Printed for Constable and Co, and Hurst, Chance and Co, London. — 1830. — In-8° de VI-341 ps.

E.) Je n'ai pu trouver, même à Santander, les *Romances of Story of Spain.*

E') La traduction française est intitulée : *L'Espagne romantique. — Contes de l'histoire d'Espagne* par Don Telesforo de Trueba, auteur de Gomez Arias et du Castillan, traduit par Ch. A. Defauconpret, traducteur de l'histoire de Christophe Colomb, etc... Paris. — Librairie de Charles Gosselin, rue Saint Germain des-Prés, n° 9, 1832. — 3 vol. in 8° (B N. P , Oa 138).

E") La traduction espagnole porte le même titre que la traduction française : « *España romántica. — Coleccion de anécdotas y sucesos novelescos sacados de la Historia de España.* Obra escrita en inglés por Don Telesforo de Trueba y Cossio, puesta en castellano por D. Andres T. Mauglaez. Tomo I. Barcelona. Libreria de D. J. A. Sellas y Oliva... 1840. 5 vol. in-8°.

[181] 1831. — *El Dardo.* Paris, imprimerie de Decourchaut..., avril-juin 1831 (B.N.P. Od.).

Parmi les journaux et les brochures qui nous renseignent sur les émigrés espagnols en France vers 1830, je ne cite que ce périodique éphémère, mais qui fournit sur Rivas et ses compagnons les plus intéressants détails.

[182] 1834. — ? : *El Moro expósito.*

Deux longs et intéressants articles de la *Revista Española* des 23 et 24 mai 1834.

[183] 1834. — ? (Alcalá Galiano?) : *El Moro expósito : leyenda en doce romances, y otras poesias por D. Angel de Saavedra.*

Long et intéressant C. R. dans *El Mensagero de las Cortes* du lundi 15 sept. 1834.

[184] 1834. — ? : *Tanto vales cuanto tienes.*

Long C. R. dans *El Universal* du samedi 5 juillet 1834 ; comparaison de la pièce avec *Lo que es mudar de vestidos, y Oros son triunfos,* de J. M. de Carnerero.

[185] 1834. — ? (Alcalá Galiano?) : *Tanto vales...*

Fort intéressant article (une colonne) sur *Tanto vales...* et l'évolution littéraire de Rivas, écrit par un homme qui lui est uni par « la más estrecha amistad » (vraisemblablement, Alcalá Galiano) dans *El Mensagero de las Cortes* du 15 déc. 1834.

[186] 1835. — ? (Alcalá Galiano) : *Primera representacion del drama nuevo en 5 jornadas, en prosa y verso, de D. Angel Saavedra.*

Article vibrant sur *D. Alvaro;* je n'hésite pas à l'attribuer à Galiano ; dans *La Revista Española* (*El Mensagero de las Cortes*) du mercredi 25 mars 1835, reproduit par *El Vapor* peu après.

[187] 1835. — ? (Alcalá Galiano) : *D. Alvaro.*

Dû sans doute aucun à Galiano, qui se pose en défenseur du drame ; ce fort intéressant article parut dans la *Revista Española* du dimanche 12 avril 1835. Il fait suite à celui mentionné sous le n° [**186**].

[188] 1835. — ? : *D. Alvaro.*

C. R. ironique de la « première » de ce drame, dans le *Correo de las Damas,* ps. 91-92 du n° 12 du 28 mars 1835.

[189] 1835. — E. DE O. (Eugenio de Ochoa) : *Don Angel de Saavedra, Duque de Rivas.*

Étude biographique et critique sur Rivas ; dans *El Artista,* t. I, ps. 175 sq., reproduite (et complétée et corrigée) dans les *Apuntes para una Biblioteca...,* t. II, ps. 693-695.

[190] 1835. — C. A. (Campo Alange?) : *Don Alvaro ó la fuerza del Sino...*

Long C. R. de *D. Alvaro,* dans *El Artista,* t. I, ps. 153-156.

[191] 1835. — LEOPOLDO AUGUSTO DE CUETO : *Examen del Don Alvaro ó la fuerza del Sino.*

Deux articles de *El Artista,* III, 106-108 et 110-114. — « Sevilla, 15 de mayo de 1835 ». Cueto a repris la plupart de ces idées dans le *Discurso necrológico...*

[192] 1835. — *Ateneo científico y literario.* Sesion inaugural del 6 de Diciembre de 1835. Madrid : Imprenta de D. Tomás

Jordán, Calle del Prado. 1835. 1 brochure de 16 pages in-4°.

C. R. de cette séance. Discours présidentiel de Rivas. Romance écrit à la gloire de l'Ateneo par le vicomte Gand.

[193] 1836. — ALBERTO LISTA Y ARAGÓN : *Lecciones de literatura española esplicadas en el Ateneo*... Madrid, 1836, impr. de N. de Arias, lib. de Cuesta. 1 vol. in-4°.

Voir surtout l'introduction (« Literatura clásica y romántica ») et la 1re leçon (« Literatura dramática »).

[194] 1837. — F. J. WOLF : *Noticia de D. Angel de Saavedra, Duque de Rivas.*

Dans le tome II de sa « Floresta de rimas modernas castellanas... Paris,... 1837 (2 volumes in-8°), ps. 449-479, Wolf a publié de nombreuses poésies de Rivas, et notamment quelques-unes des premières. Dans sa notice (ps. 480-483), il a le tort de faire gloire à Rivas du prologue du *Moro*.

[195] 1838. — ALBERTO LISTA : *De la moderna escuela sevillana de literatura.*

Bon article de la *Revista de Madrid*, 1838, t. I, ps. 251-276.

[196] 1840. — J. MARIA QUADRADO : *Victor Húgo y su escuela literaria.*

Article souvent cité pour sa pondération et ses vues judicieuses. Paru dans *El Semanario pintoresco*, 1840, ps. 189 sq.

[197] 1841. — DIEGO CUELLO Y QUESADA : *Romances históricos del Sr D. Angel Saavedra, Duque de Rivas.*

Article de peu de valeur, dans *El Corresponsal* du mercredi 10 février 1841.

[198] 1841. — Lúculo(?) : *Romances históricos de D. Angel Saavedra, Duque de Rivas.*

C. R. impartial, mais favorable en somme ; dans *El Iris*, 1841, ps. 67-69.

[199] 1841. — BERMÚDEZ DE CASTRO : *Movimiento dramático.*

Série d'articles fort judicieux, dans *El Iris*, 1841, ps 77 82, 93 98, et surtout 109-114. Ce IIIe article montre clairement où en était le romantisme espagnol en 1841.

[200] 1841. — Lúculo(?) : *Solaces de un prisionero o tres noches de Madrid.*

C. R. dans *El Iris*, t. II, ps. 87ᵇ-90ᵃ.

[201] 1841. — ? : *La Morisca de Alajuar.*

Bon jugement : publié dans *El Español*, n° 12, 15 déc. 1841, ps. 16ᵇ et 17ᵃ. Signé ***.

[202] 1842. — Fermín Gonzalo Morón : *El Duque de Rivas, considerado como poeta dramático.*

Revista de España y del Extranjero, t. IX, ps. 42-52, 117-128 et 356-384. — Bons articles.

[203] 1842. — Ramón de Mesonero Romanos : *Rápida ojeada sobre la historia del teatro español.*

Semanario Pintoresco, 1842, ps. 364, 372, 380, 388 et 397. Dans ce dernier article, il est parlé de Rivas.

[204] 1842. — Enrique Gil : *Romances históricos por Don Angel de Saavedra (Duque de Rivas).*

Longue et judicieuse étude sur *El Moro* et les *Romances*, dans *El Pensamiento*, n° 3, ps. 49 57ᵃ.

[205] 1843. — ? : *El Crisol de la Lealtad.*

Long et intéressant C. R. anonyme, dans *El Heraldo* du lundi 2 janvier 1843.

[206] 1843. — Davred (Verdad?) : *El Crisol de la Lealtad.*

C. R. dans le *Semanario pintoresco*, 1843, t. I, p. 222.

[207] 1843. — Nic. Pastor Diaz : *Sr Duque de Rivas (Angel Saavedra).*

Biographie bien connue pour laquelle Rivas fournit des documents à l'auteur, et qui était la 12ᵉ et dernière du tome II de la « Galeria de hombres célebres contemporáneos, ó biografias y retratos de todos los personajes distinguidos de nuestros dias, por una sociedad de sabios, dirigidos por D. Nicomedes Pastor Diaz y D. Francisco de Cárdenas... ». (Cf. *El Corresponsal* du 16 octobre 1843). Biographie imprécise trop souvent, souvent erronée, d'allure officieuse, sinon officielle ; mais telle qu'elle est, elle reste le point de départ et l'armature de toute biographie nouvelle, surtout pour la période des premières années, où nous ne pouvons guère compter que sur les souvenirs de Rivas. Celui-ci passait pour avoir rédigé ses Mémoires ; il avait, sans doute, rassemblé quelques notes qu'il dut communiquer à N. Pastor Díaz.

[208] 1843. — BORROW : *La Biblia en España por...* — Traducción directa del inglés por Manuel Azaña. Tomo I. — Coleccion Granada. Jiménez-Fraud, Editor, Madrid.

351 ps. in 8°, dont XXV de « Nota preliminar ». L'original, *The Bible in Spain*, est de 1843. Ps 263 sq. sur Rivas, Ministre de l'Intérieur.

[209] 1844. — ALBERTO LISTA Y ARAGÓN : *Ensayos literarios y críticos, con un prólogo por D. José Joaquin de Mora.* — Sevilla, 1844, imp. de Calvo Rubio y Comp. — Madrid, libr. de Rios. — 2 vol. in-4°.

Dans le tome II : « Del Romanticismo » (p. 34) ; « Lo que hoy se llama Romanticismo » (p. 38) ; etc.

[210] 1845. — GABINO TEJADO : *Poesía dramática.*

Fort intéressant article de *El Laberinto*, t. II, 1845, n° 13, ps. 202b-202c. Renseigne sur les goûts du public d'alors.

[211] 1845. — GABINO TEJADO : *Escritores Contemporáneos. El Duque de Rivas.*

Article de *El siglo pintoresco*, t. I, ps. 220-226. Malgré sa brièveté, c'est l'une des études d'ensemble les plus pénétrantes que l'on ait écrites sur Rivas, son caractère, et l'essence de son génie poétique.

[212] 1845. — F. DE B. P. [Francisco de Borja-Pavón] : *De las obras literarias del Duque de Rivas.*

Remarquable série d'articles publiés par un Cordouan, ami de Rivas, mais impartial et homme de goût ; c'est une des études les plus complètes et les plus sensées que l'on ait écrites sur cet auteur. Dans *El Liceo de Córdoba* des 2 et 16 janvier, 27 février, 6 et 20 mars, 3 et 17 avril, et 1er mai 1845.

[213] 1846. — MANUEL CAÑETE : *Estado actual de la poesía lírica en España.*

Deux articles de la *Revista de Europa* (1846, ps. 39-50 et 163-178), à propos de *poesías* de Julián Romea, dont il n'est parlé que dans le 2e article. Le 1er contient (ps. 44 sq.) d'intéressants détails sur le degré de popularité des poésies de Rivas.

[214] 1846. — CHARLES DE MAZADE : *Poètes modernes de l'Espagne. Le Duc de Rivas.*

Article de la *Revue des Deux Mondes*, 1846, ps. 321-354. — Reproduit dans *L'Espagne moderne*, 1 vol. de XVIII-409 ps. chez Michel Lévy, Paris, 1855 ; chap. V « La poésie nouvelle et le Duc de Rivas » (ps. 211-261). Ch. de Mazade étudie la vie et l'œuvre.

[215] 1846. — A. Ferrer del Río : *Galería de la literatura española por ...* Establec. tipogr. de D. F. de P. Mellado. — Madrid 1846. — 1 vol. de 320 ps. in-8°.

Aux ps. 97-109, on trouve une étude fort intéressante sur l'« Excmo Señor Duque de Rivas ». Si la biographie ne dit rien qu'on ne sache, l'appréciation du tempérament de Rivas est très pénétrante et, malgré une certaine bienveillance, impartiale.

[216] 1853. — Gerónimo Borao : *El romanticismo.*

D'un intérêt limité, dans la *Revista española de ambos mundos*, 1853, t. I, ps. 800-842.

[217] 1854. — Mariano Cabrerizo : *Memorias de mis vicisitudes políticas desde 1820 à 1836.* Valencia. Imprenta de D. Mariano Cabrerizo. 1854. — 1 vol. de XXIII-165 ps.

[218] 1854. — Juan M. Villergas : *Juicio crítico de los poetas españoles contemporáneos*, por... — Paris. Librería de Rosa y Bouret, 1854. 287 ps. in-8°.

Ps. 167-171 : « D. Angel Saavedra, Duque de Rivas ». — Jugement peu bienveillant. On y lit : « Un periódico le atribuyó hace algunos años una ópera que no tuvo el mejor éxito, aunque abundaba en excelentes melodías » (p. 170). Je n'ai pas trouvé d'autre mention de cet opéra...

[219] 1854. — Juan Valera : *Del romanticismo en España y Espronceda.*

Fort intéressant; dans la *Revista española de Ambos Mundos* (t. II, 1854, ps. 610-630); reproduit dans le t. XIX des « Obras completas ».

[220] 1855. — Ludwig Lemcke : *Angel de Saavedra, Herzog von Rivas.*

Brève notice (ps. 755-758 du t. II de l'*Handbuch der Spanischen Litteratur...* en 3 vol. in-8°, publié par Lemcke à Leipzig, chez Friedrich Fleischer, en 1855). Quelques erreurs énormes. Il signale une belle édition, « hübsche Ausgabe », du *Moro* à Paris, 1841, indication probablement erronée : il affirmait de même que *Florinda* parut à Londres en 1824, in-8°.

[221] 1856. — Tomás García Luna : *El Desengaño en un Sueño..*

Long article de peu de valeur; dans la *Revista de Ciencias, Literatura y Artes de Sevilla*, t. II, ps. 134-153.

[222] 1857. — Théodore Delamarre fils : *Don Angel de Saavedra, duc de Rivas.*

Article de La Patrie, reproduit par la *Revue espagnole et portugaise*, t. IV, ps. 475-481 (1857) ; fourmille d'erreurs : « En 1813, il publiait deux vol. de poésies... *Ataulfo*, qui n'est point comprise dans toutes les éditions... Il écrivit ensuite, mais sans les publier, *Aquilania* et *Malech Hadhel*, etc ... ». Pour Delamarre, cf. n° [72].

[223] 1860-1861. — Juan Rico y Amat : *Historia parlamentaria de España, desde los tiempos primitivos hasta nuestros dias, por...* — Madrid, Imprenta de las Escuelas Pias.

Les vol I (1860), II et III (1861) correspondent à la période d'activité politique de Rivas.

[224] 1862. — Adolfo de Castro : *Cádiz en la guerra. . de la Independencia... Cuadro histórico por el Ilmo. Sr D...* — Segunda edición. Cádiz. Libreria de la Revista medica, plaza de San Agustin, núms 4 y 5, 1864. (La 1re édit. est de 1862).

1 vol. in-8° de 201 ps. avec un plan de Cádiz en 1812, et un plan du port et de ses environs. — Contient quelques vers de Rivas, et de pittoresques détails sur le siège de Cádiz par les Français.

[225] 1866. — Gonzalo Argote de Molina : *Nobleza de Andalucía que dedicó al rey don Felipe II Gonzalo Argote de Molina.* — Nueva edicion ilustrada. Jaen 1866. — Est. tip. de D. Francisco Lopez Vizcaino, Impresor de la Real Casa, editor. xxxix-757 ps. Grd. in-fol.

[226] 1866. — Leopoldo Augusto de Cueto : *Discurso necrológico literario en elogio del Excmo. Sr Duque de Rivas, Director de la Real Academia española leido en junta pública celebrada para honrar su memoria, por el Excmo. Sr D..., Académico de número.* — Madrid, M. Rivadeneyra, 1866.

Belle impression en 141 ps. in-4°, du discours publié dans le t. II, ps. 498-602 des « Memorias de la Real Academia Española, Año I... 1870 ». La séance commémorative eut lieu le 4 mars 1866. Ce long discours constitue l'une des études les plus documentées, les plus complètes et les plus profondes qui aient été écrites sur la vie, le caractère, la personnalité politique de Rivas.

[227] 1866. — Amador de los Ríos : *Discurso en elogio del Excmo Señor Duque de Rivas, Director que fué de la Real Academia de Nobles Artes de San Fernando, leido en junta pública el 20 de Mayo de 1866 por el Sr... Académico de número de la misma.* — Madrid 1866. — In-4° (Le discours occupe les ps. 13-31 d'une brochure de 31 ps.).

Renseignements sur l'œuvre picturale de Rivas; aperçus sur les rapports entre ses exercices de peinture et sa technique littéraire.

[228] 1870. — Eugenio Hartzenbusch : *Apuntes para un catálogo de periódicos madrileños, desde el año 1661 al 1870.* — Madrid, Sucesores de Rivadeneyra. 1 vol. in 4° de xii-422 ps.

[229] 1872. — Salvá : *Catálogo de la Biblioteca de Salvá, escrito por Pedro Salvá y Mallén, y enriquecido con la descripción de otras muchas obras, de sus ediciones, etc...* Tomo I. Valencia. Imprenta de Ferrer de Orga... 1872. — 2 vol. in-8°.

[230] 1875. — Ramón Mesonero Romanos : *Catálogo de los libros de D...* — 1° de Enero de 1875. Madrid. Imprenta a cargo de D.R.P. Infante. — 1 vol. de 56 ps. in-4°.

[231] 1875. — L. A. de Cueto : *Carta al Señor Conde de Morphy.*

Écrite à Madrid, 13 décembre 1875, et publiée dans *La Ilustracion española y americana*, n° XLVI, du 15 décembre 1873, ps. 371c-375c. Nombreux détails sur les tentatives de Rivas pour faire représenter *El Desengaño...*, que l'auteur étudie assez longuement.

[232] 1876. — Romualdo Alvarez Espino : *Ensayo histórico-crítico del teatro español desde su origen hasta nuestros dias... precedido de un prólogo del Excmo. Sr D. Francisco Flores Arenas.* Cádiz, 1876.

Les ps. 320-333 sont consacrées à Rivas: mais 8 de ces 13 pages sont employées à reproduire la sc. VII de la 3° jornada de *Don Alvaro*.

[233] 1876. — G. Hubbard : Histoire de la littérature contemporaine dans les différents États de l'Europe. — *Histoire de la littérature contemporaine en Espagne*, par... Paris.

Charpentier et Cie, éditeurs. — 1876. — 1 vol. in-8° de 422 ps.

Au livre II, ps. 119 sq., Hubbard parle de Rivas, qu'il juge sans bienveillance.

[234] 1876. — M. Menéndez y Pelayo : *Trueba y Cosio...*, Santander, Libr. Telesforo Martinez,... 1876. 1 vol. in-8° de 256 ps. + 56 ps. d'appendices.

C'est le 1er vol. d'une série intitulée : « Estudios sobre escritores montañeses ». Ce petit livre est fort suggestif, encore que l'auteur n'ait pas vu toute l'importance de Trueba pour une étude de Rivas.

[235] 1877. — F. M. Tubino : *Introducción del romanticismo en España.*

Deux intéressants articles de la *Revista Contemporánea* des 15 janvier (ps. 79-97) et 30 janvier (ps. 184-198).

[236] 1878. — A. Alcalá Galiano : *Recuerdos de un anciano, por el Excmo Señor...* Madrid. — 1878. — Biblioteca clásica. 1 vol. de 549 ps.

Ces souvenirs du plus intime et du plus constant des amis de Rivas présentent le plus grand intérêt.

[237] 1878. — Rafael M. de Labra : *El Ateneo de Madrid. Sus Origenes, desenvolvimiento, representacion y porvenir.* Por... — Madrid. Imprenta de Aurelio J. Alaria. 1878. — In-8°.

On y voit la part prise par Rivas à la fondation de l'Ateneo de 1835.

[238] 1880. — D. Ramón Mesonero Romanos : *Memorias de un Setentón, natural y vecino de Madrid, escritas por...* — Madrid, oficinas de la Ilustracion española y americana... MDCCCLXXX. — 1 vol. in-8° de 492 ps.

Mine de renseignements et d'aperçus sur l'époque de Rivas (El Parnasillo, El Romanticismo, El Ateneo, El Liceo, etc...).

[239] 1881. — Ramón de Mesonero Romanos : *Escenas matritenses.*

Surtout chap. II : « El Romanticismo y los Románticos ».

[240] 1881. — MARQUÉS DE MOLINS : *Obras de D. Mariano Roca de Togores, Marqués de Molins,* ... Madrid. Imprenta de Tello, 1881.

Le t. I, in-8° de 568 ps., contient l'histoire du Romance écrit par Rivas pour le « Romancero de la Guerra de Africa » (ps. 254-260).

[241] 1882. — JOSÉ ZORRILLA : *Recuerdos del tiempo viejo, por...* Madrid, Tipografia Gutenberg ... 1882 (3 vol. in-8°).

Voir surtout les ps. 129 et suivantes, où Z. raconte un séjour qu'il fit à Sevilla auprès de Rivas.

[242] 1883. — A. CÁNOVAS DEL CASTILLO : *El « Solitario » y su tiempo.* Madrid 1883. 2 vol. in-4°.

Utile pour l'étude des origines et des débuts du mouvement romantique en Espagne.

[243] 1883. — M. MENÉNDEZ Y PELAYO : [Additions à « Nuestro Siglo »].

On y trouve la pensée de M. y P. sur le mouvement romantique, dont il n'a pas eu le temps de parler dans son « Historia de las Ideas estéticas en España ». D'admirables vues d'ensemble sur le romantisme espagnol, une critique pénétrante de l'œuvre de Rivas, donnent une grande valeur aux ps. 143ª et 290ª sq de « Nuestro Siglo, reseña histórica de los más importantes acontecimientos... de nuestra época, por Otto von Leixner. — Traducción del Alemán, revisada y anotada por Don Marcelino Menéndez Pelayo,... — Barcelona, Montaner y Simon, editores ..1883» — 1 vol. in-4° de 408 ps.

[244] 1884. — DIONISIO CHAULIÉ : *Cosas de Madrid. Apuntes de la Villa y Corte, por...* Madrid, Tipografia de Manuel G. Hernández... 1884. — 1 vol. in 8° de 324 ps.

Quelques détails sur *Lanuza.*

[245] 1884. — MANUEL CAÑETE : *El Duque de Rivas.* (Escritores españoles é hispano-americanos; tome I des *Obras de D. Manuel Cañete,* 16ᵐᵉ vol. de la *Colección de escritores Castellanos,* in-4°.)

Cette étude occupe les ps. 1-148 du vol. Elle reproduit le prologue placé en tête de l'édit. de 1854 Elle est suivie de deux appendices fort intéressants, qui ont trait l'un à *Doña Blanca* et l'autre à *Don Alvaro.*

[246] 1885. — A. Cánovas del Castillo : *Prólogo general*, ps. I-LXIX de : « Autores dramáticos contempóraneos », daté de « Dic. de 1885 ».

Vues générales sur le drame espagnol.

[247] 1886. — [A. Alcalá Galiano] : *Memorias de Alcalá Galiano*. Publicadas por su hijo ... — Madrid. — Imprenta de Enrique Rubiños, 1886; t. I : XIX-516 ps.; t. II : XVI-575 ps.

Complètent les *Recuerdos de un anciano*. Le t. II est particulièrement intéressant pour la période de la vie de Rivas comprise entre 1820 et 1824, et celle comprise entre 1830 et 1834.

[248] 1886. — L. Cotarelo y Mori : *El Conde de Villamediana*, estudio biográfico... -crítico con varias poesias inéditas del mismo, por... Madrid. Victoriano Suárez... 1886. — 1 vol. in-8° de 348 ps.

[249] 1886. — Manuel Cañete : *Prólogo*.

Écrit pour l'édit. de *D. Alvaro* dans « Autores dramáticos contemporáneos y joyas del teatro español del siglo XIX .. ». Ce prologue occupe les pages 1 à 24. Pour la biographie, Cañete suit N. Pastor Díaz; ses jugements critiques sont à retenir.

[250] 1888-1889. — Juan Valera : *D. Angel de Saavedra, duque de Rivas*.

L'une des études les plus brillantes et les plus solides qui aient été écrites sur Rivas, bien que l'idée essentielle soit très discutable; détails biographiques inédits et vivants. Jugements toujours dignes d'attention. Dans *El Ateneo* des 15 déc. 1888 (ps. 131-142), 1er janv. 1889 (ps. 314-319), 15 janv. (ps. 467-477) et 15 fév. (ps 109 135); articles réunis dans le t. XXVII des « Obras completas », ps. 71-196.

[251] 1889. — Boris de Tannenberg : *La poésie castillane contemporaine*. Paris, Perrin, 1889. 1 vol. in 8°.

[252] 1889. — Enrique de Saavedra : *Poesias de... — con un prólogo por D. Manuel Cañete*... Madrid, Imprenta de M. Terro. 1889. — 1 vol. in-8°, n° 73 de la « Colección de Escritores Castellanos » ; XXVII-313 ps.

Dans le prologue, quelques détails de biographie qui intéressent la vie de Rivas.

[253] 1890. — Ernest Mérimée : *L'École romantique et l'Espagne au XIXᵉ siècle...* — Toulouse,... B. Thomas et Cⁱᵉ. — 1 brochure in-4° de 23 ps.

« Leçon d'ouverture du cours de littérature espagnole professé à la Faculté des Lettres (1889-1890) », riche en vues d'ensemble.

[254] 1890. — Luis Vidart : *El Duque de Rivas. Apuntes biográficos.*

Ps. 10-24 de l' « Almanaque de la Ilustracion », 1890. — Article terminé à « Madrid, 11 de junio 1889 ». Précédé d'un portrait de Rivas. S'inspire de la biographie de N. Pastor Díaz. Ajoute quelques détails personnels.

[255] 1891. — F. Blanco Garcia : *Historia de la literatura española en el siglo XIX...* — Madrid, Sáenz de Jubera Hermanos, editores...— T. I, 1891, 1 vol. in-8° de xv-444 ps. — T. II, 1891, 637 ps.

Ouvrage bien connu. Le chap. VIII du t. I est intitulé : « Triunfo del romanticismo. — El Duque de Rivas. »

[256] 1892. — Juan Moreno Barranco : *Apuntes biográficos y consideraciones* literarias en honor del eminente poeta cordobés D. Angel de Saavedra, ilustre Duque de Rivas .. por... — Córdoba, Tipografia y papeleria La Unión... 1892. 1 brochure in 8° de 43 ps.

Dépourvu de valeur, mais non d'erreurs, ni de grandiloquence.

[257] 1894-1896. — José Yxart : *El arte escénico en España.*

Barcelona, 2 vol. in-8° de 364 et 163 ps. Imprenta de « La Vanguardia ». — Voir surtout les 30 premières ps. du t. I.

[258] 1896. — Manuel Chaves : *Historia y bibliografía de la prensa sevillana.* — Imprenta de E. Rasco, 1896. — Sevilla. — 1 vol. in-fol. de XLII-380 ps.

[259] 1896. — Ramón Menéndez Pidal : *La Leyenda de los Infantes de Lara.* — Madrid, Imprenta de los hijos de José M. Ducazcal, Plaza de Isabel II, núm. 6 — 1896.

1 vol. in-8° de xvi-448 ps. — Les ps. 161-170 sont consacrées au *Moro Expósito.* Mais le livre est, évidemment, à lire en entier.

[260] 1896. — A. Guichot : *La Montaña de los Angeles. Monografía histórico-crítica por Alejandro Guichot y Sierra.*

— *Descriptiva-expositiva-narrativa-crítica-demótica* —. Sevilla, Tipografía de La Región... 1896. — 1 vol. in-8° de 250 ps.

Très utile pour la connaissance des lieux où se déroulent les scènes les plus pathétiques de *D. Alvaro* et pour l'étude de la légende qui a fourni le thème essentiel du drame. — Les ps. 215 et 230-236 sont consacrées spécialement à la pièce de Rivas.

[261] 1898. — José R. Lomba y Pedraja : *El P. Arolas; su vida y sus versos, estudio crítico por...* — Madrid, Establ. tipogr. « Sucesores de Rivadeneyra ». 1898. — In-8° de 247 ps.

Consciencieuse étude, où est fort bien indiquée l'influence de Rivas sur Arolas.

[262] 1899. — E. Funes ; *Don Alvaro ó la fuerza del sino, estudio crítico por Enrique Funes.* — Madrid, Victoriano Suarez. — Cádiz, Manuel Alvarez. 1899. 1 vol. in-8° de 107 ps.

Malgré son titre pompeux, cette étude est dépourvue de toute valeur. L'auteur arrive à *D. Alvaro* à la p. 60.

[263] 1900. — Manuel Chaves : *Los teatros de Sevilla en la segunda época constitucional (1820-1823).* — Imp. de F. Marta-Garcia. 1900. — Un vol. in-8° de 80 ps.

[264] 1904. — Juan Valera : *Florilegio de Poesías Castellanas del siglo XIX...* Madrid, Librería de Fernando Fé. — Sevilla librería de Juan Antonio Fé. — 1904.

5 vol. in 8°. – T. I, ps. 88-102. Notice sur Rivas, poète épique et lyrique. T. II, ps. 195-239 : textes de Rivas. T. V, ps. 184-194 : Notice sur Rivas et sa lyrique. — L'introduction du t. I et les notices du t. V forment les vol. 32 et 33 de ses œuvres complètes.

[265] 1904. — Enrique Piñeyro : *El Romanticismo en España, por...* — Paris, Garnier Hermanos... (s. d. = 1904). — 1 vol. in-8° de XVIII-382 ps.

Moins une étude d'ensemble qu'une série de brèves monographies. Celle qui est consacrée à Rivas (ps. 51-93) contient quelques remarques judicieuses.

[266] 1905. — E. Ramírez de Saavedra : *El Duque de Rivas. — La Vejez militante* (article paru dans « Gente Vieja » du 30 mars 1905).

Quelques détails à retenir de cette autobiographie.

[267] 1905. — NARCISO JOSÉ DE LIÑÁN Y HEREDIA : *Los Duques de Rivas, Angel y Enrique Ramírez de Saavedra, como poetas.*

Article daté d'avril 1905, paru dans *La España Moderna*, n° 198, de juin 1905, ps. 111-129 incluse. Peu de valeur. Fait naître Enrique à Naples.

[268] 1909. — MANUEL GONZÁLEZ GUTIÉRREZ DE LOS RIOS Y PAREJA-OBREGÓN, MARQUÉS DE LAS ESCALONIAS : *Fundaciones monásticas en la Sierra de Córdoba, 1909.* Publicado en el Diario de Córdoba. — 1 vol. in-8° de 363 ps.

Intéressant pour la genèse de *D. Alvaro.*

[269] 1909. — CAMILLE PITOLLET : *La Querelle caldéronienne de Johan Nikolas Böhl von Faber et José Joaquín de Mora...* — Paris, Félix Alcan, éditeur... 1909. — 1 vol. in-4° de LV-272 ps.

[270] 1909. — GEORGES LE GENTIL : *Les Revues littéraires de l'Espagne pendant la première moitié du* XIX° *siècle. — Aperçu bibliographique,* — par... Paris, Librairie Hachette et Cie, 1909. 1 vol. in-4° de XX-155 ps.

Cet ouvrage, qui porte sur la période où s'exerça à peu près toute l'activité littéraire de Rivas, constitue un instrument de travail des plus précieux.

[271] 1909. — PHILIP H. CHURCHMAN : *Byron and Espronceda.*

Rev. hisp., t. XX, n° 57, mars 1909, ps. 5 à 211.

(Du même auteur):

[272] 1910. — *The Beginnings of Byronism in Spain.*

Rev. hisp., t. XXIII, n° 64, décembre 1910, ps. 333 à 410. — L'appendice B (ps. 392-410) contient d'intéressantes « Notes on some periodicals of the romantic generation ».

[273] 1910. — RAMÓN MENÉNDEZ PIDAL : *L'Épopée castillane à travers la littérature espagnole.* Traduction de Henri Mérimée... Paris, A. Colin, éditeur... 1910. In 8° de XXVI-306 ps.

Passim, et surtout les ps. 253-257.

[274] 1913. — AZORIN *(Martínez Ruiz)* : *El Duque de Rivas.*

Dans *Clásicos y modernos.* Madrid, 1913, ps. 65-75.

[275] 1913. — Ludwig Pfandl : *Robert Southey und Spanien : Leben und Dichtung eines englischen Romantikers unter dem Einflusse seiner Beziehungen zur pyrenaïschen Halbinsel.*

Rev. hisp., t. XXVIII, nº 73, mars 1913, ps. 1 à 317.

[276] 1913. — Cristóbal de Castro : *El teatro romántico.*

Conférence publiée par *La Palabra, revista taquigráfica de conferencias...*, nº 11, año 1, « Madrid, 1º de junio de 1913 », ps. 24-35. — Intéressante et discutable.

[277] 1913. — José María Rey : *Apuntes para la historia de la Casa de Cabrera.* — Córdoba, 1913. — Impr. « El Defensor ». — 1 vol. in-8º de 72 ps. avec un portrait de la Mère María Victoria del Sagrado Corazón de Jesús. Tirage de 100 ex. numérotés (vu le nº 65).

Cette excellente petite brochure nous renseigne sur une jeune fille qui faillit devenir Duchesse de Rivas.

[278] 1913. — Juan Valera : *Correspondencia* (t. XXXV et XXXVI des « Obras completas »).

Quelques lettres piquantes (séjour de Rivas à Naples).

[279] 1914. — José Cascales Muñoz : *Espronceda, su época, su vida y sus obras.* — Madrid. Hispania. 1914. — 1 vol. in-4º de 350 ps.

La partie la plus intéressante du livre, c'est celle où est reproduit l'essentiel d'une conférence faite par Emilia Pardo Bazán sur Espronceda, à l'Ateneo de Madrid, en 1908, et qui renferme quelques passages suggestifs sur Rivas, Zorrilla et Espronceda.

[280] 1916. — Azorín [Martínez Ruiz] : *Rivas y Larra.* Razón social del romanticismo en España. — Madrid, Renacimiento. 1 vol. in-8º de 289 ps. (Rivas, ps. 15 à 135).

Aperçus très intéressants, mais critique peu sûre.

[281] 1917. — N. Alonso Cortés : *Zorrilla, su vida y sus obras por...* — Obra publicada por el Excmo Ayuntamiento de esta Cuidad. Tomo I. Valladolid. Imprenta Castellana 1916 (achevé d'imprimer le 3 février 1917).

Le tome I (482 ps. in-8º) est le plus intéressant. Voir surtout un remarquable exposé du romantisme, chap. III, ps. 125-237.

[282] 1917. — JULIO CEJADOR Y FRAUCA : *Historia de la Lengua y Literatura castellana.* — Madrid, tip. de la « Revista des Archivos, Bibl. y Museos ».. 1917.

Voir le vol. VI (1700-1829) et surtout le vol. VII (1830-1849), et, dans ce dernier, les ps. 185-196, consacrées à Rivas.

[283] 1917. — JULIO CEJADOR : *El Duque de Rivas, Menéndez Pelayo y « Azorin ».*

Série de 6 articles publiés du 18 mai au 7 juillet 1917 dans *La Tribuna*. Quelques aperçus intéressants.

[284] 1919. — J. DELEITO Y PIÑUELA : *Le romantisme dans le théâtre espagnol.*

Aperçu historique et critique, bref, modeste de ton, mais intéressant, paru dans *Hispania* (organe de l'Institut d'Études hispaniques de l'Université de Paris), 2e année, n° 1 (janvier-mars 1919), ps. 36-48, et n° 2 (avril-juin), ps. 117-123.

[285] 1919. — *Catálogo alfabético de los documentos referentes á Titulos del Reino y Grandezas de España conservados en la sección de consejos suprimidos.* — Madrid. — Tip. de la Revista de Archivos, Bibliotecas y Museos. — 1919. 1 vol. in-8° de 739 ps.

[286] 1920. — FÉLIX DE LLANOS Y TORIGLIA : *Una consejera de Estado. — Da Beatriz Galindo « La Latina ».* Editorial Reus. Madrid (s. d.). 1 vol. in-8° de 110 ps.

Conférence faite à la séance du 25 mars 1920 de la Real Academia de Jurisprudencia y Legislacion. Détails sur l'ascendance et la descendance de Rivas.

[287] 1920. — AMÉRICO CASTRO : *Les Grands Romantiques Espagnols.* Introduction, traduction et notes de... — Paris, La Renaissance du Livre... (s. d. = 1920).

1 vol. in-8° de 176 ps., dans la collection « Les cent Chefs-d'œuvre étrangers ». Ps. 1-26 : Introduction générale neuve et suggestive, même quand elle est discutable ; ps. 27-28 : Notice sur le Duc de Rivas ; puis extraits, précédés de notices, de *El Moro* et des *Romances históricos* (jusqu'à la p. 78).

[288] 1921. — JUAN MARQUÉS MERCHÁN : *Don Bartolomé José Gallardo. — Noticia de su vida y escritos, por...* —

Madrid, año de MCMXXI. Perlado, Paez y Cª. — In-8° de 430 ps

Quelques indications sur la franc-maçonnerie vers 1822; quelques aperçus sur le pré-romantisme et le romantisme en Espagne.

[289] 1920. — E. ALLISON PEERS : *Sidelights on Byronism in Spain.*

Rev. hisp., t. LI, n° 118, décembre 1920, ps. 359-367.

(Depuis cet article et jusqu'à nos jours, M. E. Allison Peers a consacré à diverses questions se rattachant au Romantisme espagnol de nombreuses études d'étendue et de valeur inégales, mais toutes utiles, et qui peuvent aider à écrire une histoire complète et synthétique de cette période de l'histoire littéraire. Je groupe ici ces études, malgré leurs dates diverses, qui s'échelonnent entre 1921 et 1926).

[290] 1921-1923. — *Later spanish conceptions of romanticism.*

Deux articles bien documentés de *The Modern Language review*, vol. XVI (1921), ps. 281-296, et XVIII (1923), ps. 37-50.

[291] 1922. — *A Survey of the influence of Sir Walter Scott in Spain.*

En collaboration avec M. Philip H. Churchman, ps. 227-310 du t. LV de la *Rev. hisp.* (n° 127, juin 1922). Voir surtout, dans la 2e partie: « Imitations and signs of Scott's influence: El Moro Expósito » (ps. 251 sq.).

[292] 1922. — *The earliest notice of Byron in Spain.*

Rev. de litt. comp., 1922. — Très bref article.

[293] 1923. — *Rivas and Romanticism in Spain*... The University Press of Liverpool... MCMXXIII. — 1 vol. in-8° de XVIII-132 ps.

Premier essai de l'auteur sur Rivas.

[294] 1923? — *Angel de Saavedra, Duque de Rivas, a critical study.*

La plus importante des études que l'on ait consacrées à Rivas. Elle forme le t. LVIII, ps. 1-601, de la *Revue hispanique*; mis en vente en septembre 1924, bien qu'il porte la date de 1923.

[295] 1924. — *El Romanticismo en España. Caracteres especiales de su desenvolvimiento en algunas provincias.*

Le contenu ne tient pas toutes les promesses du titre; mais il y a quelque chose à apprendre dans ces articles parus dans le *Boletín de la Biblioteca Menéndez y Pelayo*, año VI (1924), ps. 66-83, 157-173, 211-223 et 302-320.

[296] 1924. — *The Literary Activities of the Spanish « Emigrados » in England (1814-1834).*

Modern Lenguage Review, 1924, ps. 315-324, 445-458.

[297] 1924. — *Minor english influences on spanish romanticism.*

Revue hispanique, t. LXII, n° 142, décembre 1924 (mis en vente à la fin de 1925), ps. 449-458.

[298] 1925. — *The influence of Ossian in Spain.*

Philological Quarterly, 1925, ps. 121-138.

[299] 1926. — *Milton in Spain.*

Studies in Philologie, 1926.

[300] 1926. — *The influence of Young and Gray in Spain.*

Modern Lenguage Review, 1926.

[301] 1921. — Pedro Sainz Rodríguez : *Estudios sobre la historia de la crítica literaria en España. — Don Bartolomé José Gallardo y la crítica literaria de su tiempo.*

Ps. 211-595 de la *Revue hispanique*, t. LI, n° 119 et 120, février et avril 1921. Quelques pages intéressantes dans cette consciencieuse étude.

[302] 1921. — Mario Méndez Bejarano : *La literatura española en el siglo XIX*... Madrid, Gráfica universal... 1921. — 1 vol. in-8° de VIII-319 ps.

A consulter pour le romantisme espagnol, et pour la genèse de *D. Alvaro.*

[303] 1921. — Mario Méndez Bejarano : *Vida y obras de D. José Mª Blanco y Crespo (Blanco-White), por...* — Madrid, Tipogr. de la Revista de Archivos, Bibliotecas y Museos. — 1921. — 1 vol. in-4° de 605 ps.

Indications fort utiles pour reconstituer la vie des Émigrés espagnols à Londres.

[304] 1922. — Fernán Caballero : *Epistolario de... Una colección de cartas inéditas de la novelista, publicada por Alberto López Argüello con prólogo y notas del mismo autor.* —

Barcelona. Sucesores de Juan Gili, edit. 1922, in-8° carré de XXVI-240 ps.

[305] 1922. — Ernest Martinenche : *L'Espagne et le Romantisme français.* — Paris, Hachette, 1922. — 1 vol. in-8° carré de 256 ps.

Cet ouvrage, qui étudie l'influence de l'Espagne sur le Romantisme français, renferme bien des aperçus qui pourraient trouver place dans une étude de l'influence française sur le romantisme espagnol.

[306] 1925. — Jean Amade : *Origines et premières manifestations de la renaissance littéraire en Catalogne au XIXe siècle...* Toulouse, Privat et Paris, Didier, 1924.

1 vol. in-4° de 568 ps. Voir toute la 3e partie : Le Romantisme. La bibliographie de cette consciencieuse thèse de doctorat forme un volume à part de 88 ps. (même année, même format, mêmes éditeurs) dont les ps. 51 à 55 sont pour nous les plus intéressantes à consulter.

[307] 1924-1925. — Ramón Menéndez Pidal : *El Rey Rodrigo en la literatura.*

Monographie de grande valeur où sont étudiées, notamment, quelques sources de la *Florinda* de Rivas. Publiée d'abord sous forme d'articles parus dans le *Boletín de la Real Academia Española :* tomes XI et XII, cahiers LII à LVII, mois d'avril 1924 à avril 1925. En cours de publication dans une série de vol. des « Clásicos Castellanos » de *La Lectura.*

[308] 1925. — R. Lomba y Pedraja : *Rivas and Romanticism in Spain, by E. Allison Peers.*

C. R. fort suggestif publié dans le *Boletín de la Biblioteca Menéndez y Pelayo, Santander* (ps. 98-104 du n° 1 de la VIIe année).

[309] 1925. — Mascarilla [= M. le Marquis de Valdeiglesias] : *Una Nonagenaria ilustre : la Marquesa Viuda de Aranda.*

Article paru dans *Blanco y Negro* (avril 1925); quelques détails intéressants sur la famille de Rivas et en particulier sur la vénérable Marquise de Aranda qui est l'aînée des deux filles survivantes de l'illustre poète.

[310] 1926? — Mascarilla [M. le Marquis de Valdeiglesias =] : *Cinco duquesas de Rivas.*

Article à paraître dans *Blanco y Negro*, et lu en ms., grâce à l'obligeance de l'auteur. Portraits. Détails biographiques intéressants.

[311] Liste alphabétique des principaux périodiques espagnols consultés. (Entre crochets, le lieu où ils étaient édités et la date de la 1re année consultée; M = Madrid).

Abeja (La) [Barcelona, 1862]. — *Abeja española* [Cádiz, 1812]. — *Abenamar y el estudiante* [M., 1838]. — *Almacen* (continuacion del Almacen de frutos literarios, ó Semanario de obras inéditas) [M., 1818]. — *Antologia española* [M., 1848]. — *Artista* (El) [M., 1835.] — *Ateneo* (El) [M., 1834]. — *Censor* (El) [M., 1820]. — *Cisne* (El) [Sevilla, 1838]. — *Conciso* (El) [Cádiz, 1811]. — *Correo de las Damas* [M., 1835]. — *Correo literario y económico de Sevilla* [Sevilla, 1803]. — *Correo Nacional* (El) [M., 1838]. — *Corresponsal* (El) [M., 1840]. — *Crónica cientifica y literaria* [M., 1817]. — *Diario del Comercio* [M., 1834] (= aussi, El Mensagero de las Córtes). — *Español* (El) [M., 1841] (= aussi, El Conservador). — *Espectador* (El [M., 1823]. *Espectador* (El) [M., 1841]. — *Esperanza* (La) [M. 1839]. — *Floresta Andaluza* (La) [Sevilla, 1844]. — *Floresta Española* (La) [M., 1835]. — *Fruto de la Prensa Periódica* [Palma, 1839]. — *Heraldo* (El) [M. 1843]. — *Imparcial* (El) [M., 1821]. — *Independiente* (El) [M., 1822]. — *Indicador (El) de las novedades, de los espectáculos y de las artes* [M., 1822]. — *Iris* (El) [M., 1841]. — *Laberinto* (El) [M., 1844]. — *Liceo (El) Artístico y literario español* [M., 1838]. — *Liceo (El) de Córdoba* [Córdoba, 1845]. — *Liceo Valenciano* [Valencia, 1838]. — *Mariposa* (La) [M., 1839]. — *Miscelanea de Comercio, Artes y literatura* [M., 1819]. — *Museo (El) de las familias* (M., 1843]. — *Museo (El) literario* [Valencia, 1864]. — *Museo (El) Universal* [M., 1865]. — *No me olvides* [M., 1837]. — *Nuevo semanario erudito* [M., 1816]. — *Nuevo diario de Madrid* [1822]. — *Observador* (El) [M., 1835]. — *Ocios de españoles emigrados* [Londres, 1824]. — *Padre Cobos* (El) [M., 1854]. — *Palma* (La) [Palma, 1841]. — *Panorama* (El) [M., 1839]. — *Pasatiempo* (El), Diario de Teatros [M., 1842]. — *Pensamiento* (El) [M., 1841]. — *Procurador (El) general de la nacion y del Rey* [M., 1813]. — *Redactor general de España* [M., 1813]. — *Revista andaluza* [Sevilla, 1840]. — *Rev. contemporánea* [M., 1877]. *Rev. de Ciencias, literatura y artes* [Sevilla, 1855]. — *Rev. de España* [M., 1882]. — *Rev. de España y del Extranjero* [M., 1842]. — *Rev. de Europa* [M., 1846]. — *Rev. de Madrid* [1838]. — *Rev. de Teatros* [M., 1841]. — *Rev. (La) Española* [M. 1834]. — *Rev. española de Ambos Mundos* [M., 1853]. — *Semanario Pintoresco* [M., 1836]. — *Semanario Teatral* [M., 1834]. *Siglo (El) pintoresco* [M., 1835]. — *Universal* (El) [M., 1834]. — *Vapor* (El) [Barcelona, 1834]. — *Variedades ó Mensagero de Londres* [Londres, 1823]. — *Zurriago* (El) [M., 1821]. — *Zurriago* (El) [M., 1841].

IVe PARTIE

Appendices : Pièces justificatives.

APPENDICE I.

A. 1842. — *Lettre de Rivas à Luis María Ramirez y de las Cazas-Deza.*

B. N. M. 12973[19]. Une feuille double. Datée de « Sevilla, 3 de Mayo 1842 ».

Il remercie son correspondant de lui avoir signalé l'œuvre de son « antecesor D. Gonzalo de Saavedra titulada, *Pastores del Betis* » il serait très heureux de pouvoir en acheter un exemplaire. Il ajoute : « Aun no he podido hacerme con uno del *moro exposito*, y por esto no le he remitido la coleccion de todas mis obras que tuvo V. lo bondad de pedirme para su biblioteca. Tan luego como la consiga le remitiré a V. la primera edicion de poesías sueltas que publiqué en Cádiz el año 13, un tom. en-4° de más de 250 paginas. La segunda en 2 tomos abultados en-8° publicada en Madrid en 1822 por Sancha. *El Moro esposito* dos tomos en-8° publicados en Paris en 1834 y los dos tomos de obras dramaticas en-8° que acaban de publicarse en Madrid por M. Delgado », etc.

B. 1843. — *Lettre de Rivas au même.*

B. N. M. Datée de « Sevilla 2 de Enero de 1843 ».

Rivas remercie D. Luis de lui avoir envoyé le tome Ier de sa « Geografía histórico-estadística de la Provincia y Obispado de Córdoba ». Il le félicite et ajoute : « No tengo olvidada la peticion que me hizo V. hace ya tiempo de una coleccion de todas mis obras literarias; y tan luego como se publique el 2° tomo de mi teatro, que está ya en prensa en Madrid, tendré el gusto de remitir a V. la Colección completa, y otra de los diarios de Cortes en que están mis discursos parlamentarios. — Como en las investigaciones prolijas que ha hecho V. no sólo de las antigüedades de esa provincia, sino tambien de sus *antigüallas*, debe V. precisamente haber topado con muchas tradiciones y consejas populares despreciables sin duda para su propósito, pero de mucho precio para para [sic] el género de literatura que yo cultivo; le ruego encarecidamente que se sirva comunicarme aquellas de que se acuerda. Raro castillo antiguo y abandonada hermita, y hundido convento y enmarañado bosque, y olvidada cueva hay, que no tenga su particular recuerdo y su absurda historia : ya de una hazaña, ya de unos amoríos, ya de una aparición, ya de un milagro, etc. — y de estas cosas fantásticas suelen sacarse muy buenos argumentos de dramas y de romances; y deducciones filosóficas muy profundas del estado de civilización de los tiempos en que tuvieron origen y se creyeron tales patrañas. — Mucho le agradeceré á Vd que se tome la molestia de recordar lo más interesante que sepa en este género. Y rogándole dispense este impertinente encargo, se repite... », etc.

Appendice II. *Advertencia* [des *Poesías* de 1814].

Por complacer á mis amigos, que desean tener copias de mis composiciones poéticas, y por evitar lo que se desfiguran estas (sea cual fuere su mérito) en los traslados manuscritos; me he dedicado algun tiempo á limarlas y corregirlas, y me he atrevido á darlas á la prensa. — La mayor parte de estas poesías están pensadas y escritas ó en medio de las incomodidades de una guerra activa, ó entre el manejo, de negocios áridos y enfadosos; sirviéndome de distracción de las fatigas militares, ó de desahogo de los desvelos del bufete. — En todas ellas he procurado imitar la sencillez en el modo de decir y de presentar los pensamientos, que ostentan nuestros poetas del siglo XVI. Y aunque no me lisonjeo de haberlo conseguido, me contento sólo con haberlo intentado. — He colocado las composiciones sin órden ni clasificacion alguna, por evitar la monotonía, y por parecerme inútil en las obras de esta especie. — Finalmente me tendré por dichoso si consigo agradar en algo á mis lectores, á quienes presento esta corta muestra de mi afición á las letras, y en particular á la poesía.

Appendice III.

Reconstitution du texte de 1814 de *El Paso honroso*, en partant de l'édition des « Escritores Castellanos », tome Ier.

(Les chiffres romains représentent les strophes de cette dernière édition).

Chant Ier. — I à XVIII inclus. — (XIX est une addition de 1820). — XX à XXXIII incluse. — XXXIV remplace les deux strophes suivantes :

Una soberbia y anchurosa puente
Oprimiendo del fondo las arenas
Sin impedir el curso a la corriente
Enlaza las dos márgenes amenas :
Entre Leon y Astorga francamente
Camino ofrece y siempre se ven llenas
Sus entradas de muchos peregrinos
De Castilla y los reynos convecinos.

Cercana de este puente á la salida
Descuella una hermosísima floresta
De fresnos y algarrovos guarnecida
Propia al reposo de la estiva siesta :
De dulces ruiseñores es manida,
Que alternan coros con alegre fiesta
En torno aquel terreno salpicando
Orbigo dulce con murmurio blando.

XXXV à XLIII incluse. — Ici, l'octave suivante :

En derredor por toda la floresta
Varias tiendas tambien se levantaron
Que para más decoro de la fiesta
Con telas exquisitas se adornaron,

En la más espaciosa y más compuesta
Los banquetes y bailes se ordenaron;
Las restantes quedaron reservadas
Para alojar personas convidadas.

XLIX à XLVI incluse. — Ici finit le chant Ier.

CHANT II. — XLVII à LXX incluse du chant Ier de *Esc. Cast.* — I à VI du chant II de *Esc. Cast.* — XI à XXIV incluse.

CHANT III. — XXV à LII incluse du chant II de *Esc. Cast.* — II à XXIII incluse du chant III. — XLV à LI incluse.

M. E. Allison Peers (*op. cit.*, p. 141) remarque dans le *Paso Honroso* de la monotonie jusque dans les détails, et souligne le fait que le 2e et le 3e chants commencent tous deux par une description d'aurore. Cette remarque, on le voit, appelle une réserve, puisqu'elle ne s'applique pas au texte primitif, dans lequel ni le chant II ni le chant III ne commencent ainsi.

CHANT IV. — Le dernier chant est celui dont le texte diffère le plus dans l'éd. de 1814, d'une part, et, d'autre part, toutes les éditions postérieures :

I de *Esc. Cast.* (Il n'existait pas dans 1814);

III-VI : VI est très modifiée; le texte primitif des quatre derniers vers était :

Ya curado con bálsamo precioso
Estaba, que el rey quiso que asistido
Por su físico fuese, muy nombrado
De Esculapio en la ciencia ejercitado.

Puis la str. suivante :

Inquieto y solo el noble caballero
No tanto le molestan los dolores,
Que le causara el peligroso acero,
Quanto de su señora los rigores;
Triste se quexa del destino fiero
Y juzga por perdidos sus amores,
Temiendo que empañada esté su fama
Con la herida á los ojos de su dama.

Str. VII à X incluse; puis la str. suivante :

Dixo, y partió Vanguarda obedeciendo,
Y Suero entre temores y esperanza,
Inquieto el resultado está atendiendo
Con menguada y pequeña confianza :
Y su resolución luego sintiendo
Suspiros mil arrepentido lanza
Duda, teme, cavila, desespera
Y desengaños el cuitado espera.

Str. XIX (dont le premier vers était : « En aquella floresta y fresco prado... ») puis la str. suivante :

Llega á esta tienda excelsa y adornada
Del herido amador el mensagero,
Discreto hizo señal desde la entrada
Y salió á recibirle un escudero,
Que entrando á lo interior de la morada
A doña Luz le dixo que de Suero
El page allí se hallaba, y al instante
Mandó que entrara, y el pasó adelante.

Str. XX (XXI est une addition postérieure), XXII à XXVI incluse; les deux derniers vers de XXVI étaient :

« Dixo : Ay Elvira : con primor persuades,
Lográs esclavizar las voluntades ».

Ces deux vers étaient suivis de :

Pero ¿que venga quieres? ¿Es tu intento?
Mas ¡ Ay, que su dolor me compadece
Y su pena me causa cruel tormento,
Y mi pecho su amor tierno agradece!
¡ Infelice de mi ! Y en el momento
Doña Elvira al notar que se enternece
Resuelta dixo al hábil mensagero :
Id, y que venga le decid á Suero.

Partió veloz el eficaz Vanguarda
Y Quiñones inquieto y cuidadoso
Y con despecho su venida aguarda
Temiendo un desengaño rigoroso :
Impaciente imagina que ya tarda
Quando entró el escudero muy gozoso
Y á llegar á sus plantas se acelera
Para decirle que la dama espera.

(Cette strophe, modifiée, est la XXIe dans l'éd. des *Esc. Cast.*),

Con la agradable nueva en alegría,
En gozo y en placer su alma se anega,
El corazón del pecho le salía,
Y a esperanza dulcísima se entrega :
Felice yo, felice repetía
La ansiada aurora de mi dicha llega
Y olvidando su herida, enagenado
Se apresta a ver su dueño idolatrado.

Sayo verde en señal de su esperanza
Se viste con bordado cordonage,
El brazo herido de la dura lanza
Envuelve en un limpísimo vendage,

Y un sombrerillo á la española usanza
Con blancos afollados y plumage
Terciado lleva, y un tahalí vistoso
Do suspende el estoque primoroso.

Así galan, que el que enamora y ama,
Gusta de galas, plumas y primores
Vuela á la tienda de la hermosa dama,
Y ora lleva esperanza, ora temores :
Ya de su pecho la ferviente llama
Le hace pisar con pálidos temblores,
Ya entre sí ensaya lo que hablalle debe
Ya turbado, ó lo olvida, ó no se atreve.

Así entre dudas lleno de recelo
Ve el pavellon donde su amor vivía.
Y por lograr su fatigoso anhelo
Turbado en el umbral el pie ponía.
Doña Luz que lo espera con desvelo
Estaba de su amiga en compañía,
Quando de un escudero precedido
Se presenta á sus pies Suero rendido.

Ici se plaçaient les str. VII à X incluse du chant II de *Esc. Cast.* (c'est-à-dire : le portrait de Dª Luz). Puis venait :

Ante su dama el noble caballero
Baxa la frente y dobla la rodilla
Y ella, depuesto su rigor severo
Viendo quan tierno ante sus pies se humilla
Alzó agradable al ínclito Don Suero,
Y aumentado el carmin de su mexilla
Sentar le manda, y él allí á su lado
De este modo le habló todo turbado.

Le discours de Suero à Doña Luz est simplement devenu, avec les modifications nécessaires (surtout dans la str. XVI), la lettre que nous trouvons aux str. XIV, XV, XVI et XVII du texte de *Esc. Cast.*

Ici la str. suivante, qui, remaniée, a donné la str. XXVIII :

« Gozosa escucha Doña Luz a Suero
Tan discretas y amantes expresiones,
Y le contesta : Ilustre caballero... »
(La suite, comme dans *Esc. Cast.*).

Str. XXIX, XXX (dont le premier vers était : « Dixo, y se desprendió del talle hermoso... », et la suite très modifiée), XXXIV, XXXV, puis 2 str. :

Vuelvo á las armas y á la justa honrosa
Miradme grata, acrecentad mi brío,
Que con vuestra influencia poderosa
En nada de mi suerte desconfio :

Y mas cuando esta prenda venturosa
Que vos misma habeis dado al brazo mio
El triunfo me asegura y la vitoria
Y que mi empresa acabaré con gloria.

Y acatando con plácida mesura
A la casi rendida bella dama,
Gozoso de su dicha y su ventura,
Marcha á la justa, do el clarin le llama.
Ya del rubio titan la lumbre pura
Los blandos vientos con su ardor inflama.
Y ya tornan los bravos justadores
A la tela entre aplausos y atambores.

(La str. suivante est, après correction, devenue la XXXVIe) :

Los balcones y gradas resonaron,
Y en la estacada entraron los guerreros,
Los ánimos las trompas inflamaron,
Y empezaron la lid los caballeros :
Zúñiga fué el primero á quien miraron
Dar crudos golpes y abollar aceros,
Y luego á mantener salió animoso
Villacorta, y despues Arias famoso.

Puis venait l'épisode de Leonor de Castro, que dans son remaniement Rivas a placé au chant III, str. XXIV-XLIV, avec quelques modifications de détail.

Le récit reprenait avec la strophe XL, et s'achevait sans changement.

Dans l'ensemble, donc, *le Paso honroso* se présentait ainsi dans sa forme primitive : En tout, 241 octaves (au lieu de 243) réparties comme suit :

Chant			
Chant	I : 47	octaves	(au lieu de 70)
—	II : 44	—	— 56
—	III : 57	—	— 51
—	IV : 93	—	— 66.

Appendice IV. *Affiche de la première de « Doña Blanca ».* (Le texte en est encadré d'un élégant ovale fleuri)

Teatro. — Con superior permiso : JOSE INFANTES, primer actor del Coliseo de esta Ciudad, deseoso de dar una constante prueba de su reconocimiento á un público que tanta indulgencia le ha dispensado; como igualmente aprecio en las continuas demostraciones en que le ha prodigado su aceptacion; no ha omitido medio alguno para presentar en la escena el Viernes 28 del corriente, destinado para su BENEFICIO, despues de una brillante Sinfonia, la tragedia nueva original en cinco actos, titulada DOÑA BLANCA DE CASTILLA. Composicion del acreditado don Angel de Saavedra Remirez de Baquedano autor del « Alialar », que tanto agradó el año pasado á este ilustrado pueblo Sevillano. Si el primer ensayo en el difícil arte de la declamacion mereció tan justos elogios, la emulacion de éstos, ¿qué no habran adelantado en el conocido genio poético de tan recomendable joven? El público, juez imparcial de la escena, decidirá en el examen de esta obra; por lo que, en la ejecucion de ella se han comprometido los actores en apurar sus conocimientos para acreditar a tan sabios espectadores, sus deseos de complacerles; y al ingenio, que han sabido satisfacer á la confianza que éste ha depositado en ellos. Seguirá un escelente intermedio de música, por la Señora Carolina Bossi. Despues se baylaran una boleras nuevas, con el nombre de AFANDANGADAS. Dando fin con un chistoso saynete, nominado : *EL CAREO DE LOS MAJOS.* A LAS 7. A 2 Rs. Imprenta de D. Antonio Canera y Compañia. Noviembre, [écrit à la main]. 1877.

APPENDICE V. *Dédicace de « El Duque de Aquitania ».* A mi amada hermana Doña Maria de la Candelaria de Saavedra.

. . . . torna un instante
A mi los ojos do el amor se anida.
Tórnalos pues à tu amoroso hermano,
Y oye su voz y los llorosos versos
Con que pinta el furor de las pasiones.
La austeridad de la virtud sublime,
Y la venganza atroz de los delitos.
Oyeme, hermana, y favorable acoge
Esta moral ficcion que la engañosa
Escena va á ocupar, y que felice
Será si arranca de tu tierno pecho
Un ardiente suspiro, ó si humedece
Tu rostro hermoso con sensible llanto.
Yo acostumbrado á lamentar amores
En arpa de marfil, quise atrevido
Más altivo volar, y el sofocléo
Coturno osé ceñir, y á Melpomene
Pedí anheloso su puñal terrible.
Mas ¿ cómo solo á la fragosa cumbre
Donde mora arribar, sino siguiendo
Las huellas de algun genio esclarecido
Que á la cima subió? Nunca el polluelo
Del águila caudal desplegar sabe
Las alas temerosas y aun no firmes
Por la inmensa región solo y sin guia.
La atroz venganza del inachio Oréstes,
Que allá en remotos siglos vió extasiado
De Aténas el magnífico liceo,
Y en nuestros dias con mayores glorias
Resucitó el ingenio honor de Italia,

Mi guia ha sido en tan audaz empresa :
Empresa que á tu amor solo dedico.
Niégate un punto al hervoroso aplauso
De la importuna turba de amadores,
Y escucha á Elisa tímida, inocente,
Lamentar el rigor de su destino.
Y mírala en los brazos de su hermano
Amar, llorar, temblar... Ay : su ternura,
Su fraternal cariño es un remedo
Del que en tu tierno corazon se anida,
Y hace el encanto de tus deudos todos.
Y aunque anhelan mis versos retratarlo
No tanto alcanzaran... Mas sea al menos
De mi entrañable amor testigo firme
Este ligero don que hoy te tributo.

A. DE S. R. DE B.

Appendice VI. — *Advertencia de « Malek-Adhel ».*

Habiendo venido casualmente á mis manos las apreciables obras de Madama Cottin, leí con sumo placer en ellas la preciosa novela titulada Matilde, y concebí inmediatamente el proyecto de escribir esta tragedia : aunque no dejaron de arredrarme, la maestria con que aquella famosa escritora desempeñó su argumento y las bellezas de toda especie con que le engalanó su delicadeza y sensible pluma. Consulté mi pensamiento con algunos inteligentes ; y aunque todos procuraron disuadirme, haciéndome patentes las dificultades con que iba á luchar ; yo ya decidido tracé en grande esta composicion venciendo, en cuanto pude, los obstáculos que me ofrecia el reducir á cinco actos, á un solo lugar, y á doce ó catorce horas de tiempo, una accion de una novela de cinco ó seis años de duracion, complicada con mil incidentes importantísimos, que llena tres tomos abultados. Procuré, sin embargo, escoger los sucesos más interesantes, reunirlos y apresurar notablemente la catástrofe : y despues de trazar y borrar, meditar y escribir, formé al fin con gran desconfianza un prolijo plan de esta tragedia que manifesté á mis amigos y mereció su agrado. Dediquéme entonces con calor á versificarla, y lo logré en pocos días, pues la mayor parte de sus razonamientos son casi traduccion literal de los de la elegante y sentimental autora de la Matilde y siguiendo siempre sus huellas llegué al cabo de mi tarea. Por lo tanto esta tragedia es más de Madama Cottin que mia ; suyo es el argumento, suyas las situaciones, suyos los caracteres, y suya la mayor parte del dialogo ; y mios solamente el plan dramático, los versos, y alguna que otra escena, tal vez las mas endebles. Finalmente si hay bellezas en Malek-Adhél son de aquella insigne francesa, y todos los defectos mios.

Espero, sin embargo que si algun dia sale á la escena, la mirarán con indulgencia los que conocen la dificultad de este género de trabajo, y los obstáculos que hay que vencer para dar forma trágica á la accion de una novela.

Appendice VII. — [Extraits]. *Advertencia de los editores*, placée entre *El Moro Expósito* et les compositions diverses qui forment la 2e partie du recueil de 1834. — « Mi padre fué editor y corrector de esta obra y suya es la Advertencia que precede a la Florinda », dit Pedro Salvá y Mallén dans son *Catálogo*..... (No 928, p. 320 a).

...Suplicamos... al autor, que nos facilitase algunas de sus composiciones inéditas, que ya conocíamos, para llenar la mitad del segundo volúmen. . Puso alguna dificultad en acceder á nuestros deseos, porqué los suyos eran que el público juzgase, si había ó no acertado en la tentativa de tomar un rumbo, nuevo entre nosotros, y un metro no acostumbrado para esta clase de poemas, sin implicar al *Expósito*, en la censura, que sin duda merecerian otras obras ménos estudiadas : Nosotros sin embargo insistimos en nuestra demanda, aspirando á hacer patente, que si el poeta había adoptado el cuarteto endecasílabo, era solo por reputarlo el mas á propósito para su asunto. La octava evita ciertamente el martilleo del asonante y se hace á la larga más soportable al oido ; pero por lo mismo que requiere mas artificio, y mayor pompa y ornato, se deslien sobrado los pensamientos, se hace difícil el cambio de tonos, y camina la narracion con poca rapidez... Cierto es... que si quisiéramos exornar con viñetas los sucesos que el texto comprende, encontraría proporcionalmente muchos mas asuntos un buen pintor en el *Expósito* que en la *Florinda*. Lo que en nuestro sentido no debe atribuirse, sinó á que el metro ofrece menos obstáculos al progreso de la accion, cuando el estro poético no se ve arredrado por el consonante, por el corte del pensamiento, exigido casi de necesidad al fin de cada octava, por la estructura característica y amanerada de esta clase de estrofas, y por el cuidado de reservar lo mas fuerte de la imagen ó sentencia para el pareado. Aunque la ley que se ha prescrito al [sic] autor del *Expósito*, de variar la asonancia en cada uno de sus doce dilatadísimos romances, para evitar la monotonia, manifiesta suficientemente, que no ha recurrido á aquella con el fin de eludir las dificultades del consonante ; nunca es superfluo presentar muestras indubitables de que la rima rigurosa nunca le da la tortura que experimentaba Meléndez. Basta leer las fáciles octavas de la *Florinda* y los dulces y cantables versos de *El Sueño del proscrito*, para convencerse de que los estrechos límites de la consonancia nunca ponen en prensa sus pensamientos. Obsérvase por el contrario sobra de lozanía, cúmulo acaso excesivo de imágenes, y aquel abandono en escoger los consonantes, que caracteriza á Balbuenna [sic], á Jáuregui, al fecundo Lope y á cuantos han versificado con larga vena. Se imbuyen estos de una idea, van á ponerlo en verso ; é impelidos por el entusiasmo que los agita hasta llegar al fin, no pueden pararse á elegir los medios. Pasado aquel calor, la correccion es casi imposible... [Eloge du romance, « género de poesía peculiar de nuestra nacion ».] Despues que los buenos poetas . repitan el ensayo de nuestro amigo, se estará en el caso de juzgar con mejores datos, si el romance octosílabo renueva siempre en nuestra mente el recuerdo de las jácaras y tonadas populares, como algunos críticos lo han sentado. Nosotros... vemos que se acomoda con igual docilidad á los asuntos festivos y jocosos, que á los de mas elevado coturno ; pues si nos divierten los chistes de Góngora y Quevedo, tambien sorprende agradablemente nuestro ánimo el romance de *Angélica y Medoro* del primero, y no falta sublimidad á muchos de los históricos antiguos... Con lo cual se prueba ademas, que no necesitamos recurrir á la mitología, ni á siglos remotos, ó á hechos de historias extrañas, para captar la atencion de los lectores, á quienes deben interesar con preferencia los sucesos que están en la esfera de su creencia y costumbres, y los sacados de los anales de su propia patria, particularmente si ha trascurrido el tiempo preciso, para que los personajes no sean juzgados con la parcialidad, de que no podemos prescindir respecto de nuestros contemporáneos, ó de los que lo han sido de nuestros padres. ¿Y por qué no han de conmovernos asuntos mas recientes ? Sépase manejar con tino, y todo el mundo se revestirá de las pasiones y afectos del poeta, cuando nos describa las sensaciones que en el pecho de una mujer enamorada excita la vista de un *Sombrero*, ó la desesperacion del jóven, á quien *La vuelta deseada* á su patria hunde de improviso en la mayor de las desdichas .. Lo que hay .. que pedir el poeta, es que verdaderamente lo sea ; es decir, que con su vuelo fogoso y casi divino nos arrebate consigo á las regiones que cruza... [Eloge des qualités poétiques de Rivas dans le présent recueil]. De estas apreciables dotes apénas se descubria uno que otro destello en los dos tomos de poesías, que en 1820 dió á la luz en Madrid, coleccion cuyos ejemplares quisiera reunir el autor (segun varias veces nos lo ha repetido) para entregarlos á las llamas. Por donde se ve confirmada la observacion, que hemos hecho en otra parte, de lo mucho que ganan los hombres trasplantados de su país, combatidos por la adversidad ó por las vicisitudes de los acontecimientos, y separados de la monotonía de la vida doméstica. Lo poco conocidos que son todavía entre nosotros los escritores *románticos*, así ingleses como alemanes, y la timidez con que han tenido que caminar nuestros poetas de la edad presente, han sido las dos causas principales de que se hayan dedicado con profusion á asuntos frívolos, poco dignos de las Musas del siglo décimonono.. Por fortuna, parece que no está ya léjos el dia, en que descansando el Gobierno en la conciencia de que trabaja cuanto puede por que prospere y sea dichoso el pueblo, le verá sin susto gozar de una racional libertad... [De toutes façons, les jeunes trouveront de grands avantages] en abrazar un método de vida que ensanche é ilustre el campo de su imaginacion ; les haga sacudir el polvo de la escuela, para que abandonando la senda de la tria imitacion, den fisonomía propia á sus pensamientos, escribiendo no por recuerdos, sinó por inspiracion, y de consiguiente con originalidad ; y los familiarize insensiblemente con los hombres y los libros de la Europa culta [Béranger, Manzoni, Byron]. [*Florinda* et l'*Epitalamio* portent encore la marque de] la tiránica influencia del gusto llamado *clásico*, ...el autor aun no se atrevia, cuando las hizo, á desamparar la senda arbitrariamente marcada por los preceptistas. A medida que se ha desembarazado de tales andaderas y que se ha atrevido á sacar las imágenes, símiles y colorido de su corazon y del tesoro inagotable de la naturaleza, y no de lo que otros han dejado escrito : su tono se ha robustecido, ha ganado mucho en valentía y originalidad su pincel, y no parece ya el poeta de 1820, ni siquiera en las odas *A las estrellas*, *Al faro de Malta* y *A su hijo Gonzalo*.....

Appendice VIII. — Dédicace de *D. Alvaro* à Alcalá Galiano.

Al señor Don Antonio Alcalá Galiano, etc. — Como memoria, de otro tiempo menos feliz, pero más tranquilo, dedico á Vd. este drama, que vio nacer en las orillas de la Loira, cuando los recuerdos del Guadalquivir, de las costumbres de nuestra patria, y de los rancios cuentos y leyendas que nos adormecieron y nos desvelaron en la infancia, tenian para nosotros el mágico prestigio que dan á tales cosas la pros — [p. 6] cripcion y el destierro. En esta obra impresa reconocerá Vd. la misma que con tanta inteligencia y mejoras puso en frances, para que se representara en los teatros de Paris. No se verificó esto, como Vd. sabe, por las inesperadas circunstancias, que dieron fin á nuestra expatriacion. Y ahora la presento en los de Madrid, con algunas variaciones esenciales, y engalanada con varios trozos de poesia. El público decidirá, pues, si el trabajo que me ocupó tan agradablemente en las horas amargas de pobreza y de insignificancia; si los lances que pensados, leidos y repetidos por los alrededores de Tours nos pusieron muchas veces de tan festivo humor, que nos hacian olvidar por un momento nuestras penas; si este drama en fin, que tantos elogios ha debido á Vd. valen algo despojados de las circunstancias, que nos los hacían á Vd tan agradables y á mí tan lisonjéros.

Sea, pues, cual sea el mérito de esta composicion, sé que para Vd siempre lo tendrá, por la parcial amistad con que me favorece, y por eso se la dedica con el mas fino afecto su verdadero amigo. — A. de Saavedra.

Appendice IX. — 1840 - Lettre de Rivas à Manuel Delgado.

« Carta de (Duque de Rivas) a D. Manuel Delgado sobre la venta de su obra « Solaces de un prisionero » Sevilla, 14 de nov. de 1840. Acompaña un recibo de mil reales vellon. — Autografos. 3 hoj. 4° = 12971 [13] ».

Sevilla, 14 de Nov. de 1840.

Sor D. Manuel Delgado. — Mi amigo y dueño: he recibido su última favorecida, y siento en el alma que se haya tomado la molestia de incluirme copia de los contratos de otros poetas, pues bastaba con que Vd me huviera indicado, que todos se sujetaban á la cláusula en que yo hallé reparo.

Mis reflexiones fueron hijas de la novedad que me hizo el enagenar la facultad de hacer representar mi comedia, en todas partes, excepto en Madrid; por no haberme sujetado á ello ni en el contrato que celebré con Jordan (y que Vd ahora posee) del D. Alvaro, ni en el que hicimos ultimamente en Madrid de el « tanto vales ».

Y si todos los que escriben con nombre y aplauso para el teatro se sujetan á esta condicion (ciertamente demasiado dura) no seré yo en verdad más melindroso, y me convendré en lo que Vd quiera. Persuadido de que más fácil le es á Vd que á un Poeta el sacar algun fruto de las representaciones en las provincias, porque con su tráfico de libreria tiene ya en ellas corresponsales con quien entenderse.

Por lo tanto convengo en que quede Vd con la facultad absoluta de hacer representar la comedia titulada « Solaces de un prisionero, o Tres noches de Mad[d]. » en todas partes por su cuenta, excepto en Madrid, y en la Havana. Y hago la segunda excepcion para solo el estreno por habérselo ofrecido á un amigo de aquel pais, cuando empecé á escribirla.

Creo pues que quedamos corrientes y que con el papel que habrá entregado á Vd el Sōr de Aguilera, y esta carta queda Vd completamente asegurado. Si no lo cree Vd asi, á mi ida á ésa reharé el contrato á su gusto, y si lo cree más urgente, remítame dicho papel con las adiciones entrerenglonadas y le enviaré otro á buelta de correo.

Quedo enterado de que se entregó en mi casa en ésa el tomo de la Galeria, y los demás puede Vd hacerlos entregar aqui, que es donde reuno mis libros.

Páselo Vd bien y mande á su fino amigo y serv[r]. Q. b. s. m.

(Lè reçu est exposé dans la salle d' « Exposición de manuscritos ». La moitié d une page in-fol. ministre) :

He recibido del Sōr d. Manuel Delgado, editor de la Galería dramática, la cantidad de mil reales de vellón de que me era deudor. — Sevilla, 22 de Diciembre de 1840. — Son 1000 R.

1841 et 1842. — Deux contrats entre Rivas et Manuel Delgado.

(Contratos [2] entre Duque de Rivas y D. Manuel Delgado. Firmas autógrafas del Duque. — 18699[3]).

1841. — 1er Contrat. [Une grande feuille simple de papier parcheminé.]

Cedo á favor de D. Manuel Delgado, sus hijos y herederos y sucesores la propiedad absoluta y para siempre de las dos comedias originales en tres actos y en verso tituladas « Solaces de un prisionero o tres noches de Madrid » y « la Morisca de Alahuar », por la cantidad de siete mil quinientos reales vellon que recivo en este acto, á fin de que como cosa suya privativa pueda disponer de ellas librem[te] para su impresion y representacion en todos los teatros del Reino, Islas Adyacentes y dominios de Ultramar, exceptuandose los de Madrid. — Sevilla, 1° de Junio de 1841. — El duque de Rivas. [La date et la signature seules sont de la main de Rivas].

1842. — 2° Contrat.

El Exmo Sor Duque de Rivas y D. Manuel Delgado estan conformes en cumplir lo que á continuacion se expresa.

1° — El Sor Duque enagena á D. Manuel Delgado, editor y dueño de la Galeria dramatica, el derecho de propiedad para siempre de cuantos dramas y comedias escriba en el año cómico de mil ochocientos cuarenta y dos, para los efectos de su impresion y representacion, en todos los Teatros, esceptuándose únicamente los de Madrid, dándose á luz dichas comedias ó dramas con su nombre.

2° — D. Manuel Delgado queda obligado á tomar todas la comedias ó dramas que escriba el Sōr Duque y á dar por cada una siendo en verso y de tres ó más actos la cantidad de tres mil quinientos R. vellon, mil setecientos por las de dos, y ochocientos por las de una, y una tercera parte menos por las que fueren escritas en prosa.

Y para cumplir este contrato se firma en Madrid a nueve de Febrero de mil ochocientos cuarenta y dos. El Duque de Rivas [seule la signature est autographe].

Appendice X. — *Dédicace de « El crepúsculo de la tarde »*.

El Excmo Señor D. A. Alcalá Galiano, Senador del Reino, etc.

Mi querido amigo y compañero : si sus elogios de Vd cuando ambos éramos muy jóvenes contribuyeron no poco á que continuara escribiendo y publicando versos; y si en edad más adelantada y despues en nuestro íntimo trato durante la emigracion, sus buenos consejos de V. me animaron á continuar mis tareas poéticas, siguiendo una senda más original en donde he encontrado algunos lisonjeros aplausos ; justo es que dedique á V. el Crepúsculo de la tarde colección de las últimas poesías que pienso publicar y acaso escribir.

Sí, estas seran las últimas, y las últimas quieren ser dedicadas á quien, al leerlas, recuerde con cariño á un amigo, que lo ha sido y es muy verdadero, al través de tiempos borrascosísimos, en que muy pocas voluntades y muy pocos afectos han quedado en consonancia. Y estoy seguro de que al recorrer las hojas de esta Colección, los placeres de Córdoba, y los agitados días de Madrid, y las largas noches de Londres y las tranquilas aunque melancólicas horas de Paris y de Tours, y los terribles momentos de otra época posterior le vendrán á Vd. á la memoria, con el nombre de su amigo y compañero — Angel. — Nápoles, 12 de Enero de 1849.

INDEX ALPHABÉTIQUE

(Les chiffres renvoient aux numéros)

A. Par noms d'auteurs.

Alcalá Galiano, 93, 100, 122, 146, 148, 152, 154, 183, 185, 186, 187, 236, 247, App. VIII et X.
Alonso Cortés, 281.
Alvarez Espino, 232.
Amade, 306.
Amador de los Ríos, 227.
Anduaga, 45 (cf. p. 9).
Argote de Molina, 225.
Azorín, 100, 274, 280.
Bermejo, 80.
Bermúdez de Castro, 199.
Berní y Catalá, 174.
Blanco García, 255.
Blanco White, 303.
Borao, 216.
Borja-Pavón (F. de B.), 93, 212.
Borrow, 208.
Bretón de los Herreros, 152.
Cabrerizo, 217.
Campo Alange, 190.
Cánovas del Castillo, 242, 246.
Cañete, 74, 88, 100, 103, 145, 150, 213, 245, 249, 252.
Cascales Muñoz, 279.
Castro (A. de), 84, 224.
Castro (Américo), 171, 287.
Castro (C. de), 276.
Cejador, 282, 283.
Chaulié, 244.
Chaves, 258, 263.
Churchman, 271, 272.
Cotarelo, 248.
Cuello y Quesada, 197.
Cueto, 132, 153, 166, 191, 226, 231.
Defauconpret, 180.
Delamarre, 72, 222.
Deleito y Piñuela, 284.
Destutt de Tracy, 71.
Fernán Caballero, 304.
Ferrer del Río, 215.
Frere (J.-H.), v. à : El Moro Expósito.
Fuentes (Ricardo), 100.
Funes, 100, 262.
Gallardo, 288, 301.
Gallego (J. Nicasio), 100, 148.
García Luna, 221.
Gil, 204.
Gómez de Terán y Negrete, 162, 163.
González de León, 87.
González Gutiérrez de los Ríos, 268.
Guichot, 260.
Gutiérrez de los Rios (Antonio), 11.
Hartzenbusch, 149, 151, 228.
Hidalgo, 100, 102.
Hubbard, 233.
Hugelmann, 167.
Istúriz, 149.
Labra, 237.
Latour (A. de), 163.
Le Gentil, 270.
Lemcke, 220.
Liñán y Heredia, 267.
Lista, 193, 195, 209.
Lomba, 261, 308.
López de Haro (Alonzo), 172.
Lúculo, 198, 200.
Llanos, 286.
Marqués Merchán, 288.
Martinenche, 305.
Mascarilla, 309, 310.

Mazade (de), 214.
Méndez Bejarano, 302, 303.
Menéndez Pelayo, 214, 243.
Menéndez Pidal, 259, 273, 307.
Mérimée (Ernest), 253.
Mérimée (Prosper), 100.
Mesonero Romanos, 100, 203, 230, 238, 239.
Molins, 81, 150, 240.
Moreno Barranco, 256.
Morón, 202.
Morphy, 132, 166, 231.
Ochoa (E. de), 147, 151, 156, 189.
Pacheco, 148, 151, 157.
Pardo Bazán (Mme), 279.
Pastor Díaz, 145, 150, 152, 163, 207.
Peers, 84, 100, 136, 289-300, 308, App. III, (cf. aussi p. 5).
Pellicer de Tovar, 173.
Pfandl, 275.
Pinohermoso, 79.
Piñeyro, 265.
Pitollet, 269.
Quadrado, 196.
Ramírez y de las Casas-Deza, 77, 78, App. I.
Ranz Romanillos, 88.
Rey, 277.
Rico y Amat, 223.
Rivas-Cherif, 122.
Saavedra (Enrique de), 104, 123, 145, 148, 152, 252, 266.
Sáinz Rodríguez, 301.
Salvá, 82, 83, 97, 107, 120, 229, App. VII.
Secco Suardo, 160.
Tannenberg, 170, 251.
Tejado, 210, 211.
Trueba y Cosío (Telesforo), 180, 214.
Tubino, 235.
Valera, 219, 250, 264, 279.
Vargas y Ponce, 88.
Verdi, 163.
Viana (M. le marquis de), 81, 98.
Vidart, 254.
Villergas, 219.
Wolf, 194.
Yxart, 257.
Zorrilla, 241, 281.

B. Par matières.

A Crístóbal Colón, 129, 136, 145, 150, 153.
A Dido abandonada, 143.
A la memoria del Excmo Sr D. Nicolás de Azora, 67.
A la princesa recien nacida, 75.
A las Estrellas, 96 C, 145, 150, 153.
Al bautismo de la princesa de Asturias, 60, 145, 150, 153.
Al Duque de Frías : cf. La sombra del Trovador.
Aliatar, 87.
A los Excmos Sres Marqueses de Santa-Cruz, 96 E, 145, 150, 153.
Al Sr D. Salustiano de Olózaga..., 143.
Al ver la primera vez á M. B.: Cf. La primera vez que ví á M. B.
A mi esposa, 143, 145, 150, 153.
A mi hijo Gonzalo..., 96 G, 136, 145, 150, 153, 169.
Apuntaciones, 71.
Arias Gonzalo, 44, 156.
A S. M. La Reyna, 54, 145, 150, 153.
Ataulfo, 41, 86.
A un arroyo, 112, 136, 145, 150, 153.
Bailén, 114, 147, 151, 155.
Biographie, 1-39, 145, 150, 152, 207, 254, 256, 266, 267, 277. Cf. aussi p. 6.
Cádix libre del sitio, 84.
Caso de Conciencia, 144.

Compendio de las sesiones de Cortes..., 177.
Curso Elementar de Perspectiva, 72.
Décima... 144.
Diario de las discusiones de las Cortes, 176.
Discurso... distribucion de premios..., 140.
Discurso... (en réponse à celui de Cándido Nocedal), 142.
Discursos... Real Acad. Esp., 137, 149, 151.
Discursos... Real Academia de la Historia, 137, 149, 151.
Discursos .. Senado... 109.
Don Alvaro de Luna, 96 K, 147, 151, 155.
Don Alvaro ó la fuerza del Sino, 100-106, 127, 148, 152, 157, 163, 186-191, 260, 262, 268, 284. App. VIII.
Doña Blanca de Castilla, 88, App. IV.
Dos Sicilias, 138, 147, 151.
El Alcázar de Sevilla, 96 L, 147, 151, 155, 160.
El Aniversario, 76, 147, 151, 156.
El Conde de Villamediana, 96 J, 147, 151, 155, 171, 248.
El Crepúsculo de la tarde, 136, App. X.
El Crisol de la Lealtad, 127, 128, 148, 151, 158, 205.
El cuento de un veterano, 47, 147, 151, 155.
El Dardo, 181.
El Desengaño en un sueño, 52, 127, 132, 148, 151, 167.
El Desterrado, 74, 92, 145, 150, 153, 159.
El Diablo en Cantillana, 66.
El Duque de Aquitania, 90 B, App. V.
El Faro de Malta 83, 96 F, 136, 145, 150, 153.
El Fratricidio, 111, 147, 151, 155, 160.
El Hospedador de Provincia, 131, 149, 151.
El Moro Expósito, 95-99, 146, 150, 154, 161, 169, 171, 182, 183, 204, 259, App. VII.
El Parador de Bailen, 53, 133.
El Paso Honroso 85, 145, 150, 152, App. III.
El Peso Duro, 93.
El Solemne Desengaño, 48, 147, 151, 155.
El Sombrero, 96 I, 147, 151, 155.
El Sueño del proscrito, 82, 96 D, 145, 150, 153.
El Ventero, 131, 149, 151.
Enviando un ramo de flores á una enferma, 58, 136, 145, 150, 153.
Enviándole dulce á una señorita andaluza, 55.
Epístola á mi cuñado..., 59, 145, 151, 153.
Florinda, 96 B, 145, 150, 153, 307.
La Agucena Milagrosa, 136, 147, 151, 156.
La Buenaventura, 113, 147, 151, 155.
La Cancela, 116, 145, 150, 153.
La Catedral de Sevilla, 130, 136, 145, 150, 153.
La Morisca de Alajuar, 51, 125, 126, 127, 148, 151, 158, 201.
La Noche buena en Paris y en Madrid..., 81, 150, 153.
Lanuza, 91, 156, 175, 179.
La primera vez que ví á M. B.: 56, 136, 145, 150, 153.
La Sombra del Trovador, 46, 94, 145, 150, 153.
La Victoria de Pavía, 47, 147, 151, 155.
La Vuelta deseada, 96 H, 147, 151, 155.
Lettres, 73, 77-80, App. I et IX.
Leyendas 70, 147, 151, 156.
Los Hércules, 109, 149, 151.
Malek-Adhel, 90 C, App. VI.
Manuscrits, 40 à 83.
Masaniello, (voir Sublevación de Nápoles).
Miserias de la vida humana, 42.
Obras completas, 145-158.

Oda á España triunfante de los franceses, 40, 145, 150, 152.
Périodiques, 311.
Poesías (1814), 85, 145, 150, 152, 178, App. II.
Poesías (1820-21), 89, 90, 145, 150, 152, 153.
Prologue aux Œuvres du Duc de Frías, 61, 141.
Prologue de « La Familia de Alvareda », 62, 139.
Romances históricos, 117-124, 147, 151, 155, 162, 166, 197, 198, 204.
Solaces de un Prisionero, 50, 125, 127, 148, 158, 200.
Soneto, 63.
Soneto, traducción de Petrarca, 65.
Sonnet, 69.
Sublevación de Nápoles, 135, 149, 151, 164, 165, 168.
Super Flumina, 43, 149, 150, 153.
Tanto vales, 45, 114, 127, 149, 151, 157, 184.
Teatro moderno español, 107
Théâtre de D. Angel de Saavedra..., 127, 149, 151, 157, 158, 202, 210, App. I
Una antigualla de Sevilla, 110, 147, 151, 155, 160.
Un Castellano leal, 171.
Una falta, 64.
Una noche de Madrid en 1578, 49, 147, 151, 155.
Viaje á las Ruinas de Pesto y al Vesubio, 57, 134, 149, 151.

Nota : Pour les poésies lyriques, voir en outre les numéros 85, 89, 136, 145, 150, 152, 153. Seules sont l'objet d'une mention spéciale celles qui présentent quelque particularité bibliographique. Pour les romances, voir surtout les numéros 117 sq., 147, 151 et 155; pour le théâtre, les numéros 148, 151 et 156-8; pour les légendes, les numéros 147, 151 et 156; enfin, pour la prose, les numéros 149 et 151.

BIBLIOTHÈQUE NATIONALE RF

TABLE DES MATIÈRES

Pages.

Avertissement 5

Ire partie : MEMENTO BIOGRAPHIQUE. — DOCUMENTS D'ARCHIVES.

A. *Memento biographique* 6

B. *Documents d'archives* 7

IIe partie : ŒUVRES DE RIVAS.

I. *Manuscrits* :

A. Manuscrits appartenant à la famille de Rivas . . . 9

B. Manuscrits appartenant à divers 14

II. *Editions séparées et recueils* 15

III. *Collections dites d'œuvres complètes* 46

IV. *Traductions* 55

IIIe partie : OUVRAGES INTÉRESSANT LA VIE ET LES ŒUVRES DE RIVAS . . 60

IVe partie : APPENDICE : PIÈCES JUSTIFICATIVES 82

Index alphabétique 95

Table des matières 99

BIBLIOTHÈQUE NATIONALE

10 462 — Bordeaux. — Impr. GOUNOUILHOU, rue Guiraude, 9-11. — 1926

www.ingramcontent.com/pod-product-compliance
Ingram Content Group UK Ltd.
Pitfield, Milton Keynes, MK11 3LW, UK
UKHW021821190726
13853UKWH00003B/1118